Johanna Barbara Sattler

Das linkshändige Kind – seine Begabungen und seine Schwierigkeiten

Eine Hilfe für Lehrerinnen und Lehrer
zur Information beim Elternabend

Auer Verlag GmbH

Dr. Ivo-Kurt Cizek gewidmet

Gedruckt auf umweltbewusst gefertigtem, chlorfrei gebleichtem
und alterungsbeständigem Papier.

2. Auflage. 2004
Nach der Neuregelung der deutschen Rechtschreibung

Gesamtherstellung: Ludwig Auer GmbH, Donauwörth
ISBN 3-403-0**3491**-7

Inhalt

Vorwort

Seit Linkshändigkeit kein gesellschaftliches Tabu mehr ist, scheint die Zahl der linkshändigen Menschen zugenommen zu haben. Wir haben erfolgreiche Staatsmänner – über die Fernsehkameras überall auf der Welt sichtbar – erlebt, die wichtige Verträge mit der linken Hand unterschrieben haben. Wir haben uns daran gewöhnt, dass Spitzensportler Höchstleistungen „mit links" erbringen. Und wir erleben im Alltag immer häufiger die Linkshändigkeit als Normalfall.

Und doch – für viele Eltern entstehen erst einmal Fragen, wenn sie herausfinden, dass ihr Kind die linke Hand bevorzugt. Weniger in der häuslichen Umgebung, mehr im Hinblick auf die schulischen Anforderungen des Schreibens. In der Regel sind die Lehrer/-innen dann die Ansprechpartner. Für sie, die die Kinder in der ersten Klasse auf ihrem Weg ins Schreiben hineinbegleiten, ist dieses Buch geschrieben. Es soll ihnen Hilfestellung geben bei der Information und Beratung der Eltern.

Was sollten Eltern allgemein über Linkshändigkeit wissen? Was wollen Eltern linkshändiger Kinder wissen? Wie kann man ihre möglicherweise vorhandenen Befürchtungen zerstreuen? Welche speziellen Hilfen kann man Kindern beim Schreiben anbieten? Darüber sollen Lehrer/-innen Bescheid wissen. Da es aber nicht allen möglich sein wird, sich ausführlich über das Thema zu informieren, hat Dr. Johanna Barbara Sattler, die nicht müde wird, sich für die Sache der Linkshänder/-innen einzusetzen, ihr profundes Wissen im vorliegenden Buch zusammengefasst und praxisnah aufbereitet, so dass sich damit mindestens ein Elternabend bestreiten lässt (wahrscheinlich sogar mehrere). Die Lehrer/-innen können sicher sein, dass sie aktuelle wissenschaftliche Erkenntnisse und aus langjähriger Praxis gewonnene Erfahrungen weitergeben. Sie haben damit eine gesicherte Basis für die unerlässlich notwendige Zusammenarbeit mit den Eltern.

Ich wünsche diesem Buch eine hohe Aufmerksamkeit und eine weite Verbreitung, damit der *Normalfall Linkshändigkeit* sich noch weiter etablieren kann.

Prof. Dr. Angelika Speck-Hamdan,
Ludwig-Maximilians-Universität München

Hinweise für Lehrerinnen und Lehrer

Der gute und gelungene Umgang mit linkshändigen Schülerinnen und Schülern in der Klasse wird immer wichtiger. Die Fragen der betroffenen Eltern an die Lehrerinnen und Lehrer werden häufiger und konkreter, sodass es sinnvoll erscheint, die Linkshändigkeit zum Thema an einem Elternabend zu machen. Nicht jede Lehrkraft verfügt über genügend profundes Wissen auf diesem Gebiet und manchmal auch nicht über die Zeit, sich dieses anzueignen. Es sind ja viele Fragen, die gerade zu Beginn der 1. Klasse behandelt und geklärt werden müssen.
Dafür wird hier ein ausgearbeitetes Referat vorgelegt, das Lehrerinnen und Lehrern hilft, an einem Elternabend über das Thema *Linkshändigkeit* zu sprechen, ohne Gefahr zu laufen, zu weit abzuschweifen und sich in Nebensächlichkeiten zu verlieren oder wesentliche Punkte zu vergessen.
Selbstverständlich können auch andere Fachleute, tätig in Bereichen von Ergotherapie, Heilpädagogik, Motopädagogik, Mototherapie und vorschulischen Einrichtungen, dieses Referat für ihre Beratungen und Veranstaltungen nutzen.
Anstelle von gliedernden Überschriften verweisen neben dem Text kurze Hinweise und Schlagworte auf den gerade angesprochenen Sachverhalt des Referates. Eine schnelle Orientierung und die Möglichkeit, Auslassungen oder Ergänzungen im Referat vorzunehmen, sollen damit erleichtert werden.
Im zweiten Teil werden Abbildungen angeboten, die als Folien kopiert werden können.
Die zunächst für die Referentin/den Referenten bestimmten Anmerkungen (Glossar, auf das mit dem Symbol ☞ verwiesen wird) vertiefen die Fragestellung, geben Hinweise, wo man sich weiter informieren kann, und machen den Referenten auch für schwierigere Zwischenfragen sattelfest.

Als weitere Angebote werden vorgelegt:

- Vorschlag für die Formulierung in der Einladung zum Elternabend
- Vorschlag für die Ankündigung zu einer Informationsveranstaltung (Kopiervorlage)
- Literaturhinweise für Eltern linkshändiger Kinder (Kopiervorlage)
- Aufstellung wichtiger Gebrauchsgegenstände für Linkshänder (Kopiervorlage in den Vorlagen zur Herstellung von Folien)
- Wichtige Adressen für Eltern linkshändiger Kinder (Kopiervorlage)

Kopiervorlagen für Infomaterialien an die Eltern in Bezug auf Schreibhaltung und die Gefahren einer Umschulung der Händigkeit sind auch im zweiten Teil enthalten. Sie können als Zusatzmaterial zum Referat benutzt oder ganz allgemein Eltern linkshändiger Kinder in die Hand gedrückt werden.
Für manche Lehrkraft könnte es eine Anregung sein, das Informationsblatt „Grundregeln für linkshändige Schülerinnen und Schüler" ihren linkshändigen Schülern mit nach Hause zu geben.
Um Lehrerinnen und Lehrern aus verschiedenen Bundesländern eine schnelle Orientierung über die Angaben zur Linkshändigkeit in ihrem eigenen Lehrplan zu ermöglichen, sind entsprechende Quellenangaben aufgeführt und es wird auf Zusammenstellungen der vollständigen Zitate in der Literatur hingewiesen (☞ Lehrpläne und Linkshändigkeit).

Vorschlag für die Formulierung in der Einladung zum Elternabend

Ein Thema unseres Elternabends soll der Umgang mit linkshändigen Kindern sein, da wir mehrere von ihnen in der Klasse haben. Um sie besser verstehen zu lernen, ist es mir wichtig, einen Teil unserer Zeit für Informationen darüber zu nutzen.
Dabei werden sich vielleicht die Eltern rechtshändiger Kinder nicht direkt angesprochen fühlen. Doch können plötzlich solche Fragen beim Hausaufgabenmachen oder beim Spiel auftauchen, wenn Ihr Kind einen linkshändigen Freund oder eine linkshändige Freundin mit nach Hause bringt.
Mit Folien und weiteren nützlichen Hinweisen soll dieses, eigentlich uns alle betreffende Thema kurz behandelt werden.

Vorschlag für die Ankündigung zu einer Informationsveranstaltung

Im freien Raum können Angaben über Referentin/Referenten, Ort, Zeit u. a. angefügt werden.

Das linkshändige Kind – seine Begabungen und seine Schwierigkeiten

Für die normale Händigkeitsentwicklung des Kindes sind das Kindergartenalter und die ersten Schuljahre von sehr großer Bedeutung: Hier erlebt das Kind seine Händigkeit entweder als etwas Normales, Unproblematisches, oder es wird verunsichert oder sogar durch „sanfte" Umschulungsversuche auf die rechte Hand gestört. Die Folgeerscheinungen, z. B. Konzentrations- und Gedächtnisschwierigkeiten sowie motorische Störungen, werden oft nicht als Ergebnis der Umschulung der Händigkeit erkannt.

Behandelt werden sollen:

- Entdeckung der Händigkeit beim Kind
- Eine lockere Haltung beim Malen und Schreiben
- Arbeitsplatzanordnung und Gebrauchsgegenstände des linkshändigen Kindes
- Schwierigkeiten des umgeschulten Kindes

Referat zur Elterninformation

Das linkshändige Kind – seine Begabungen und seine Schwierigkeiten

Spiegelschrift, ein Phänomen, das Eltern überrascht

☞ Spiegelschrift

Als Ihr Kind begann, die ersten Buchstaben zu malen, haben sicher manche von Ihnen festgestellt, dass es diese umgekehrt, in der so genannten Spiegelschrift, geschrieben hat.

Manche Kinder schreiben ganze Wörter in Spiegelschrift, andere nur einzelne Buchstaben und Zahlen. Dies beginnt meist in der Kindergartenzeit.

Bis zur Einschulung haben viele dieser Kinder dann festgestellt, dass unsere Schriftrichtung von links nach rechts verläuft und die Buchstaben in eine festgelegte Richtung abgebildet werden oder sie lernen es im Laufe des ersten Schuljahres.

Manche Eltern sind über dieses Spiegelschrift-Schreiben und das Verdrehen einzelner Buchstaben sehr überrascht, manchmal sogar richtig besorgt. In der Kindergartenzeit ist das jedoch völlig normal und tritt besonders häufig bei linkshändigen Kindern auf. Es ist in diesem Alter nichts Außergewöhnliches. Auch rechtshändige Kinder verdrehen manchmal einzelne Buchstaben.

Das Kind sollte in so einem Fall nicht durch erschrockene Kritik verunsichert werden, sondern Sie sollten ihm lediglich erklären, dass unsere Buchstaben in eine festgelegte Richtung weisen. Ein Punkt am linken Zeilenrand als Markierung des Schreibbeginnes hilft vielen Kindern.

Im Laufe der 1. Klasse hört das Schreiben von Spiegelschrift oder das Verdrehen einzelner Buchstaben und Zahlen normalerweise auf. Ist das nicht der Fall, so ist ein Gespräch mit dem Lehrer oder der Lehrerin sicher notwendig.

Verdrehen von Buchstaben und Zahlen

Nun möchte ich näher auf die linkshändigen Kinder eingehen.

Manche Eltern haben die Entdeckung, dass ihr Kind ein Linkshänder ist, mit gemischten Gefühlen aufgenommen. Manchmal hörten sie noch den alten Spruch „Gib doch die schöne, die gute Hand“ und mussten mit ansehen, wie ihr freudig sich einem Menschen zuwendendes Kind dadurch verunsichert und irritiert wurde.

„Gib doch die schöne Hand“

Wir haben nicht eine schöne oder eine nicht schöne bzw. keine gute oder schlechte Hand. Das Händegeben – üblicherweise mit der rechten Hand – ist ein Brauch, über den man verschiedener Meinung sein kann, aber eine Verbindung mit moralischen Bewertungen wie gut und böse, mit Beurteilungen von schön oder nicht schön sind hier völlig fehl am Platze.

☞ Vorurteile gegenüber Linkshändigkeit

☞ Hand geben

Der bevorzugte Gebrauch der linken oder rechten Hand wird als Händigkeit bezeichnet. Die normale Händigkeit des Menschen ist Ausdruck der motorischen Dominanz im menschlichen Gehirn, das heißt des Vorherrschens der linken oder rechten Gehirnhälfte.

Händigkeit ist Hirnigkeit

☞ Gehirnabläufe und Händigkeit

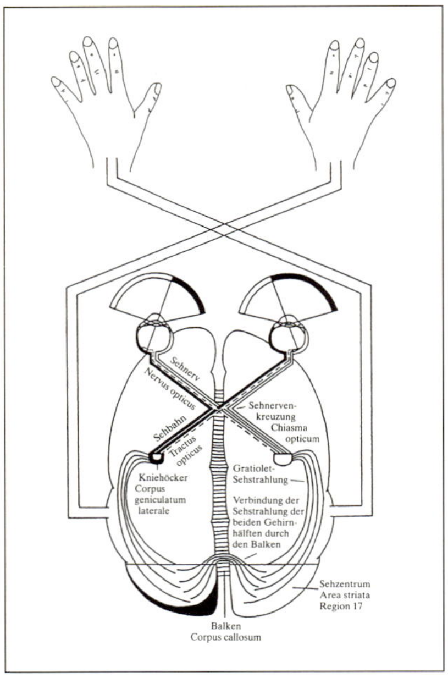

Die meisten Nerven kreuzen von einer Großhirnhälfte in die gegenüberliegende Körperseite. Bei Linkshändern sind in der rechten Hirnhälfte die motorischen Areale dominant, das bedeutet, stärker ausgeprägt, beim Rechtshänder in der linken Hälfte. Wenn man es salopp sagen möchte, ist ein Linkshänder ein „Rechtshirner" und ein Rechtshänder ein „Linkshirner".

Natürlich ist das alles ziemlich kompliziert und wäre Inhalt für ein abendfüllendes Referat.

Für uns ist jedoch wichtig, dass die Händigkeit etwas Naturgegebenes, Natürliches ist, so wie es Mädchen und Jungen, Frauen und Männer gibt, so gibt es eben auch Rechtshänder und Linkshänder.

Vererbung der Händigkeit

☞ Vererbung der Händigkeit

Auch wenn wir über die Art der Vererbung der Händigkeit noch wenig sicheres Wissen besitzen, so sind sich viele Wissenschaftler darüber einig, dass Händigkeit normalerweise erblich bestimmt wird: Wenn einmal Linkshändigkeit in einer Familie aufgetreten ist, werden immer wieder auch Linkshänder geboren. In den Eltern- und Großelterngenerationen wurden Linkshänder allerdings häufig umgeschult. Mit Gewalt, Überredung oder Überzeugung wurde versucht, die Kinder, meist zu Schulbeginn oder noch früher, zu dem vornehmlichen Gebrauch der rechten Hand zu veranlassen.

☞ Vorurteile gegenüber Linkshändigkeit

Folgen der Umschulung der Händigkeit

☞ Umschulung der Händigkeit

Heute wissen wir, dass die Umschulung der Händigkeit ein schädlicher Eingriff in das Gehirn ist und dass sich Umschulungsfolgen besonders in der Schulzeit, in der Ausbildung und im Beruf negativ auswirken können. Oft kommt es auch zu psychischen Beeinträchtigungen.

Linkshändigkeit im Lehrplan

☞ Lehrpläne und Linkshändigkeit

Lehrpläne verbieten deshalb inzwischen die Umschulung der Händigkeit ausdrücklich. So wird zum Beispiel im Lehrplan für die Grundschulen in

Bayern darauf hingewiesen, dass „Linkshänder … nicht zum bevorzugten Gebrauch ihrer nicht dominanten Hand angehalten werden" dürfen. „Die angeborene Händigkeit darf nicht umgeschult werden."

Alter der Manifestation der Händigkeit

Es gibt nun Kinder, die zeigen bereits im ersten bis zweiten Lebensjahr eine eindeutige Bevorzugung der linken oder rechten Hand. Sie greifen vornehmlich mit dieser Hand nach ihrem Spielzeug, nach dem Löffel und nach allem, was sie interessiert, und benutzen die andere als Hilfs- oder Haltehand.

Diese Kinder bleiben meist bei der Bevorzugung dieser Hand und das ist dann auch so in Ordnung. Das bezeichnen wir dann als ihre Händigkeit.

Änderung des Handgebrauchs

☞ Beidhänder und wechselnder Handgebrauch

Wenn es bei einem Kind mit normaler körperlicher und geistiger Entwicklung doch zu einer Änderung seiner eindeutigen Händigkeit kommt, so sind oft äußere Einflüsse oder das den Kindern innewohnende Modell- und Nachahmungsverhalten daran beteiligt. Man sollte, ohne vor dem Kind darüber zu sprechen, seine Händigkeit besonders bei spontanen Tätigkeiten wie Greifen, Essen oder Malen beobachten. Wenn noch im Alter von vier bis fünf Jahren Unstimmigkeiten auftreten, dann sollte ein auf Händigkeit spezialisierter Fachmann konsultiert werden.

Wechselnder Handgebrauch

Testung der Händigkeit

Von Selbsttests ist ausdrücklich abzuraten.

☞ Testung der Händigkeit

Das Gleiche gilt für Kinder, die im bevorzugten Handgebrauch wechseln, die vielleicht einmal die linke und einmal die rechte Hand zum Essen, Malen und Spielen benutzen. Auch diese Kinder sollten Fachleuten vorgestellt werden, denn manchmal können z. B. feinmotorische Schwierigkeiten oder Koordinationsprobleme mitbeteiligt sein. Eine therapeutische Behandlung könnte den Kindern helfen, ihre wirkliche Händigkeit zu finden.

Beidhänder

Bis zum Schuleintritt sollte die Schreibhand feststehen. Ein Kind, das dann noch den Stift einmal in der linken und dann wieder in der rechten Hand hält, stört die Vorgänge in seinem Gehirn.

Beidhänder in dem Sinne, dass beide Gehirnhälften gleich gut sind, gibt es in der Regel nicht. Die angeblichen Beidhänder sind meist umgeschulte Linkshänder, die viele Tätigkeiten mit der linken Hand ausführen, jedoch zum Schreiben, oft auch zum Essen, die rechte Hand benutzen.

☞ Beidhänder und wechselnder Handgebrauch

Kinder mit dem gerade beschriebenen wechselnden Handgebrauch haben meist Teilleistungsstörungen in der Feinmotorik und in anderen Bereichen, z. B. auch der Konzentration. Hier ist ein Gespräch mit dem Lehrer oder einem spezialisierten Fachmann (Arzt, Ergo- oder Mototherapeut, Heilpädagoge, Linkshänder-Berater) notwendig.

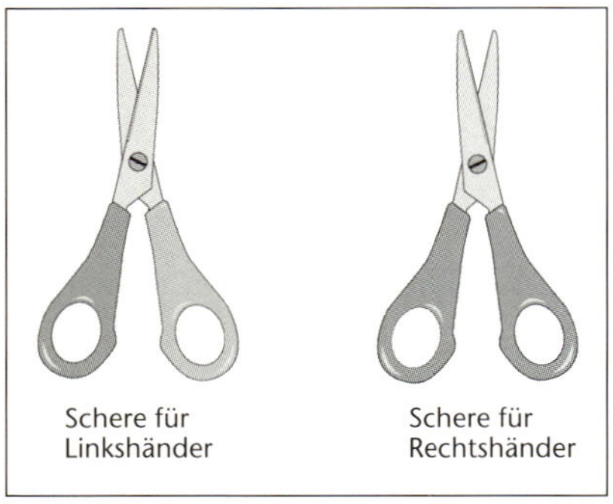

Die Schere benutzen Linkshänder auf verschiedenste Arten. Gerade der Gebrauch der Schere ist *kein* gutes diagnostisches Mittel zur Bestimmung der Händigkeit. Mangels einer gut schneidenden Linkshänderschere (im Elternhaus und im Kindergarten) üben manche linkshändige Kinder so lange mit der *Rechts*händerschere in der linken Hand, bis sie das Schneiden irgendwie schaffen. Oft verdrehen sie die Hand etwas, halten Papier und Schere auf der rechten Körperseite, neigen den Kopf zur Seite und greifen das Papier am oberen Rand.

Linkshänderschere

Eine Schere ist ein typischer asymmetrischer Gebrauchsgegenstand, der nicht gleichzeitig optimal für einen Links- und einen Rechtshänder benutzbar ist. Daher gibt es gute Linkshänderscheren, die sich von Rechtshänderscheren weniger durch die manchmal ergonomisch asymmetrisch geformten Eingriffe für die Finger unterscheiden als durch die *umgekehrte Anordnung der Schneideblätter: Eine*

Linkshänderschere hat das obere Schneideblatt links außen, die Rechtshänderschere rechts außen. Die Schnittlinie, die wir beim Schneiden beobachten, sollte also immer in der Mitte und nicht rechts oder links außen mit den Augen verfolgt werden.

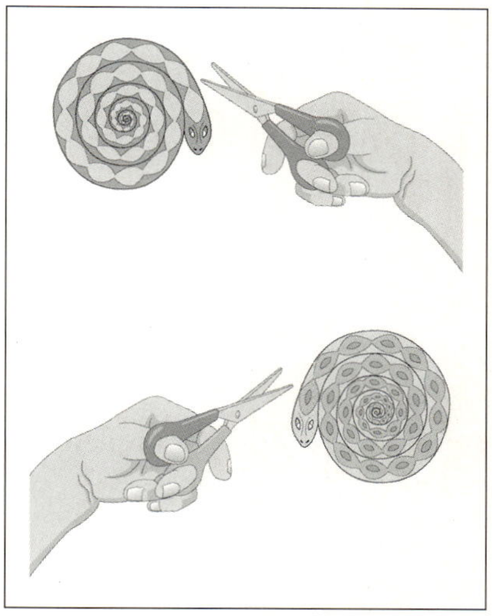

Daher beginnt der Linkshänder auch an der linken Seite nach rechts hinüber eine Spirale zu schneiden und ein Rechtshänder von rechts nach links.

Im Laufe der Zeit verankert sich die Art, wie das links- oder rechtshändige Kind auf die Schneideblätter und die Schnittlinie schaut, in seinen Gehirnabläufen. Durch Einübung und Gewohnheit automatisieren sich diese visomotorischen Abläufe und man kann sie nach einer bestimmten Zeit nicht mehr ändern, ohne dass es zu Qualitätsverlusten und zu meist vehementem Widerstand des Kindes beim Schneiden kommt. Natürlich schneiden manche linkshändigen Kinder ganz ordentlich mit der Rechtshänderschere in der linken Hand. Jedoch kommt es bei schwierigen Aufgaben und dicken Materialien (wie Stoff, Filz oder gar Äste) doch zu einer Benachteiligung des Kindes.

Beidhänderscheren

Beidhänderscheren gibt es nicht. Die fälschlicherweise so im Handel manchmal angebotenen Scheren sind gut schneidende Rechtshänderscheren. Ein mit der linken Hand schneidendes Kind übt sich dabei eine falsche Haltung ein.

Um Ihnen eine Vorstellung von dem Schneiden mit einer für Sie unpassenden Schere zu vermitteln, biete ich Ihnen an, das Schneiden mit einer Linkshänderschere einmal zu versuchen; Rechtshänder sollen das mit der rechten Hand machen.

Schneiden Sie bitte genau auf der Linie des Blattes
▶ *Linkshänderschere mit liniertem Blatt herumgehen lassen.*

☞ Schneiden mit links

Das bedeutet, Ihrem linkshändigen Kind sollte rechtzeitig eine gute Linkshänderschere zur Verfügung stehen. Eine Linkshänderschere zu kaufen ist keine große Ausgabe. Zu den Gebrauchsgegenständen im Federmäppchen gehört ja sowieso eine Schere.

Schneiden mit der nicht dominanten Hand führt nicht zu Umschulungsfolgen wie das Schreiben mit der nicht dominanten Hand, bedeutet aber doch eine gewisse Einschränkung durch die nicht so große Leistungsfähigkeit der nicht dominanten Hand.

Umschulung der Händigkeit durch das Schreiben

Das Schreiben ist eine äußerst komplexe Tätigkeit, die an unser Gehirn höchste Anforderungen im Hinblick auf Bewegung, Verstandesleistung und Gefühlsbeteiligung stellt. Während der feinen, immer schneller vollzogenen Fingerbewegungen beim Schreiben sind wir gleichzeitig damit beschäftigt, über die Rechtschreibung, die Interpunktion und den Inhalt des zu Schreibenden nachzudenken, und schließlich sind wir auch immer emotional daran beteiligt. Das bedeutet, dass die der Schreibhand gegenüberliegende Gehirnhälfte in höchstem Maße gefordert wird. Wenn es die nicht dominante Gehirnhälfte ist, wird sie oft überfordert und eigentlich möchte die andere Gehirnhälfte reagieren. Es kommt offensichtlich auch zu einer Art von Zuständigkeitsproblemen zwischen den beiden Gehirnhälften: Die stärkere darf nicht eingreifen und die schwächere muss die ganze Arbeit leisten.

Folgen der Umschulung der Händigkeit

Typische **Primärfolgen** einer Umschulung der Händigkeit *können* sein:

- Gedächtnisstörungen (besonders beim Abrufen von Lerninhalten)
- Konzentrationsschwierigkeiten (schnelle Ermüdbarkeit)
- legasthenische Probleme (Lese- und Rechtschreibschwierigkeiten)

- Raum-Lage-Labilität (Links-Rechts-Unsicherheit)
- feinmotorische Störungen (die sich z. B. im Schriftbild äußern)
- Sprachstörungen (Stammeln bis zum Stottern)

Die eigentliche Intelligenz des Menschen wird dabei nicht reduziert, aber ihre Manifestation, ihre Äußerung in der Umgebung gestört. Diese Primärfolgen können dann unterschiedliche **Sekundärfolgen** nach sich ziehen, zum Beispiel:

☞ Umschulung der Händigkeit

- Minderwertigkeitskomplexe
- Unsicherheit
- Zurückgezogenheit
- Überkompensation durch erhöhten Leistungseinsatz
- Trotzhaltungen, Widerspruchsgeist, Imponier- und Provokationsgehabe
- unterschiedlich ausgeprägte Verhaltensstörungen
- Bettnässen und Nägelkauen
- emotionale Probleme bis ins Erwachsenenalter verbunden mit unterschiedlichen seelischen und/oder gesundheitlichen Schwierigkeiten
- Störungen im Persönlichkeitsbild

Es ist sehr wichtig, hier zu betonen, dass alle diese Schwierigkeiten auch bei Rechtshändern oder nicht umgeschulten Linkshändern auftreten können. Es sind Arten, wie unser Gehirn auf Irritationen und Störungen reagiert. Das heißt aber auch, dass man nicht annehmen darf, dass jemand, der solche Schwierigkeiten aufweist, automatisch als ein umgeschulter Linkshänder zu betrachten ist.

Testung der Händigkeit

☞ Testung der Händigkeit

Daher sollte eine Testung der Händigkeit im Zweifelsfall immer von spezialisierten Fachleuten durchgeführt werden.

Wenden wir uns aber nun wieder den *nicht umgeschulten linkshändigen Kindern zu.* Bei manchen fällt auf, dass sie in ihrer Art zu handeln und zu denken sich etwas von rechtshändigen Kindern unterscheiden können. Wobei die Übergänge immer fließend sind und auch von ganz anderen Lebensumständen und Persönlichkeitszügen des Kindes geprägt sein können.

Die Psyche des linkshändigen Kindes

Eine Eigenschaft, die bei linkshändigen Kindern jedoch häufiger zu beobachten ist, ist ihre Fähigkeit und auch ihr manchmal größeres Bedürfnis als bei rechtshändigen Kindern einige Zeit für sich allein zu sein und sich ihren Träumen und Vorstellungen hinzugeben. Dies zu erwähnen, ist deshalb wichtig, weil manche Eltern versuchen, durch Gruppenaktivitäten dagegen zu wirken. Sie meinen, dass ihr Kind nicht gruppen- bzw. später teamfähig sei, wie wir das bei Erwachsenen nennen.

☞ Psychische Eigenschaften bei Linkshändern und bei Rechtshändern

Die linkshändigen Kinder, die hier gemeint sind, haben jedoch **keine** Verhaltensstörungen, sind ebenso kontaktfreudig wie Rechtshänder und haben gute Freundschaften.

Diese Zeit für sich allein kann aber sehr wichtig sein. Das trifft natürlich auch auf rechtshändige Kinder zu, wenn sie sich derartig verhalten.

Schreibhaltung

Hilfestellungen beim Erlernen einer lockeren Schreibhaltung sind für linkshändige Kinder besonders wichtig.

Bei unserer von links nach rechts laufenden Schrift zieht der Rechtshänder die Hand vom Geschriebenen weg. So kommt er nicht in Gefahr, über das gerade Geschriebene zu wischen oder es zu verdecken. Der Linkshänder hingegen verwischt leicht das Geschriebene oder deckt es mit der Hand ab. Um das zu verhindern, sollte von Anfang an eine Schreibhaltung eingeübt werden, bei der die linke Hand unter der Zeile geführt wird. Das hintere Ende des Stiftes zeigt etwa in Richtung des linken Ellbogens und das Blatt soll leicht nach rechts gekippt sein.

Die rechte Hand hält das Blatt am rechten Rand. Auf gar keinen Fall darf sie mitten auf dem Papier liegen, sonst schreibt das Kind „um die Hand herum" und kommt in die so genannte Hakenhaltung „von oben". Dabei kippen viele Linkshänder das Blatt nach links, um dem Abknicken im Handgelenk und den Verkrampfungen in Hand, Arm bis hin zum Schulterbereich entgegen zu wirken.

Weiter sollten bei Übungsblättern mit Buchstaben und ersten Wörtern diese nicht nur links am Zeilenbeginn vorgeschrieben sein, sondern auch auf der rechten Seite am Zeilenende, so dass das linkshändige Kind überhaupt sieht, was zu üben ist.

Das rechte und das linke Zeilenende

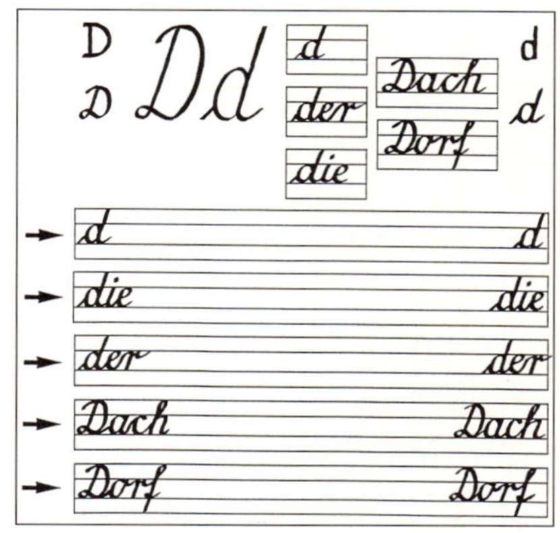

Sehr wichtig ist es aber, den linken Zeilenbeginn mit einem farbigen Punkt oder einem Pfeil zu markieren. Ansonsten kann es geschehen, dass das Kind versehentlich auf der rechten Seite beginnt.

Um dem linkshändigen Kind zu helfen, eine lockere Schreibhaltung einzuüben und zu automatisieren, wurde eine Schreibunterlage entwickelt, wo auf Papier bzw. rutschfestem Kunststoff ein Musterbeispiel von Blattlage, Körpermitte und der Lage der rechten Hand vorgegeben wird.

Schreibunterlage

Es ist wichtig, dass sowohl zu Hause als auch in der Schule auf diese Haltung geachtet wird. Das kann auch durch Markierungen, zum Beispiel mit Tesakrepp auf dem Tisch, geschehen oder mit der genannten Schreibunterlage. Die farbige Schreibtisch-Auflage ist von ihrer Größe her für den Schultisch ab der ersten Jahrgangsstufe geeignet und hilft dem Kind, sich schnell und sicher zu orientieren.

Nachspurübungen

Wenn die feinmotorischen Fähigkeiten von Fingern und Hand weitgehend ausgebildet sind, ist es sinnvoll, mit Nachspurübungen zu beginnen. Dabei

kommt es *nicht auf Genauigkeit* an, sondern auf die lockere Körperhaltung: Stiftende etwa in Richtung Ellenbogen und Führung der Hand unter der Zeile, auf der die vorgegebenen Formen z. B. mit einem weichen Bleistift nachgespurt werden.

Fünf Minuten täglich in der vorgeschlagenen Haltung unter dem liebevollen Dabeisein eines Erwachsenen wirken mehr als ein hartes Training und verhindern die Einübung der eigentümlichsten, manchmal sehr verkrampften Hand- und Körperhaltungen, in die linkshändige Kinder später beim Schreiben mit dem Füller oft ausweichen.

Weiche Blei- und Buntstifte

☞ Schreibgeräte für Linkshänder

Linkshänderfüller

Linkshändige Kinder sollen besonders weiche Blei- und Buntstifte benutzen, um den Stift nicht zu steil halten zu müssen, und später einen Linkshänderfüller. Diese Füller werden von den meisten Herstellern angeboten.

Anfängerfüller haben oft eine Halbkugel unter der Spitze der Feder, ein so genanntes Federkorn, das rund bzw. kugelig geschliffen ist. Dadurch wird das Kratzen und Stoßen in das Papier verhindert. Solche Federn verändern manche Hersteller etwas für Linkshänder, andere machen jedoch auch keinen Unterschied zwischen der Feder für Links- und Rechtshänderfüller, empfehlen aber die Benutzung von mittelstarken Federn für linkshändige Kinder.

Die Kolben solcher Füller können asymmetrisch geformt sein oder auch so, dass sowohl Links- als auch Rechtshänder gut damit schreiben können.

☞ Füller für Linkshänder

Kinder orientieren sich oft am Geschmack von anderen Kindern und daher sollte ein Füller ausgewählt werden, der dem Kind gefällt und der von der Schule empfohlen wird.

Schnell trocknende Tinte

Schnell trocknende Tinte ist in manchen Rollerpens enthalten. Diese können bei einer ungünstigen, aber bereits fest automatisierten Schreibhaltung sehr hilfreich sein, da die Gefahr zu verwischen geringer ist. Vor dem Kauf eines solchen Schreibgeräts ist ein Gespräch mit dem Lehrer wichtig.

Automatismen können kaum noch geändert werden

Bei der Schere haben wir gesehen, dass eine ungünstige Haltung, hervorgerufen durch die falsche Schere, zu einem bestimmten Zeitpunkt so automatisiert, eingeübt ist, dass nur noch wenig Chancen einer Änderung bestehen. Dies kann leider bei der Schreibhaltung auch geschehen. Bevor man sich aber damit abfindet oder einen Kompromiss sucht, sollte zuvor alles getan werden, um das zu verhindern.

Im Laufe der ersten Klasse verfestigt sich ohne Hilfestellungen für das Kind aber oft eine nachteilige Schreibhaltung derart, dass in der folgenden Zeit wenig Chancen bestehen, die Haltung noch zu ändern und zu verbessern. Dann kann es notwendig sein, eine individuelle Lösung für das Kind zu suchen und die angelegten Abläufe zu verbessern, aber nicht grundsätzlich mehr zu ändern.

Richtungsvorgaben bei der Ausführung von Buchstaben und Zahlen

Buchstaben sollen in einer bestimmten, vorgegebenen Art geschrieben werden. Ziel dabei ist es, dass das Kind einen günstigen Bewegungsablauf findet, um eine möglichst flüssige Schrift mit wenigen rückläufigen Bewegungen beim Schreiben zu

☞ Richtungsvorgaben bei Buchstaben und Zahlen

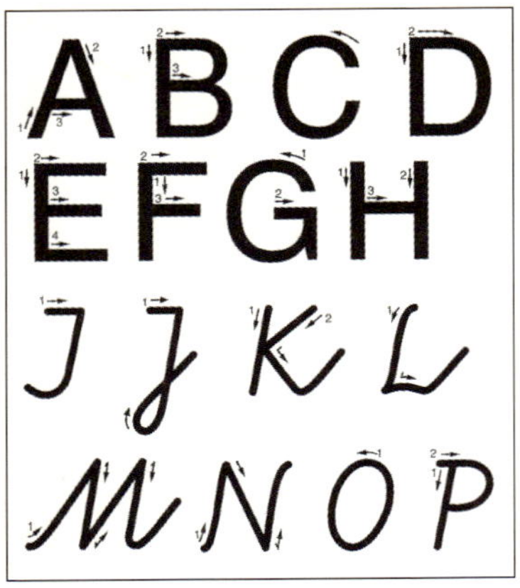

erwerben. Linkshänder neigen nun dazu, Buchstaben gern sozusagen von hinten anzufangen und müssen dann bei der Schreibschrift unnötig oft absetzen und einen Richtungswechsel bei der Stiftführung machen.

Deshalb ist es ratsam, beim Erlernen der Buchstaben diese Abläufe einzuhalten. Bei manchen Kindern, die die andere Buchstabenausführung schon automatisiert haben, ist diese oft nicht mehr zu ändern, und ein derartiger Versuch stellt für sie oft mehr eine Belastung als eine Erleichterung dar.

Auch beim Schreiben von Zahlen ist ein günstiger Bewegungsablauf sinnvoll. Das gilt besonders für jene Kinder, die zum Spiegeln von Buchstaben und Zahlen neigen. Wenn sich das Kind den Schrägstrich von links unten nach rechts oben bzw. umgekehrt eingeprägt hat, findet es diese Richtung in der Form von vielen Zahlen wieder und es kann dadurch eine Eselsbrücke aufbauen.

Sitzplatz

Bei der Wahl des Sitzplatzes ist bei einem linkshändig schreibenden Kind zu beachten, dass es links immer genug Armfreiheit hat, also in der Schule links neben einem Rechtshänder oder neben einem anderen links schreibenden Kind sitzt. Darauf kann auch das Kind selber achten, denn manchmal lassen andere Gesichtspunkte der Sitzordnung diese Regel vergessen.

Lichteinfall

Der Lichteinfall ist optimal von rechts oder von vorne. In der Schulklasse ist das meist nicht zu verwirklichen wegen der Zuordnung von Fenstern und Tafel. Daher sollte rechtzeitig Licht von oben kommen und dafür gesorgt werden, dass das linkshändige Kind nicht in die dunkelste Ecke gesetzt wird.

Sinnvolle Gebrauchsgegenstände für das linkshändige Kind in der Schule sind:

- Scheren für Linkshänder, wenn das Kind eine Linkshänderschere benutzt
- Spitzer für Linkshänder (gibt es auch mit Döschen)
- Schreibtisch-Auflage aus Kunststoff für Linkshänder zum Einprägen einer lockeren Schreibhaltung
- eventuell ein Lineal für Linkshänder, auf dem die Zahlen von der anderen Seite aus zählen. Bei Kindern, die zum Verdrehen von Buchstaben und Zahlen neigen, sollte man jedoch eher zurückhaltend sein, um das Kind nicht zu verwirren.
- Kollegblock für Linkshänder mit Ringspirale auf der rechten Seite und Lochung auf der linken (für ältere Schüler)

Sinnvolle Gebrauchsgegenstände für das linkshändige Kind zu Hause:

- Schreibunterlagen-Block aus Papier oder Schreibtisch-Auflage aus Kunststoff für Linkshänder
- Kartoffel- bzw. Gemüseschäler
- Taschenmesser
- Dosenöffner
- Brotmesser für ältere Kinder

Im Fachunterricht ist beim Schleifebinden, Handarbeiten, Werken auch auf die Händigkeit eines Kindes zu achten.

Beim Schleifebinden ist zu verhindern, dass dem Kind von verschiedenen Bezugspersonen unterschiedliche Schleifentypen gezeigt werden.

Günstiger scheint für Linkshänder die rechte Abbildung der Schleife zu sein. Dort ist die linke Hand die aktivere und die rechte übernimmt mehr eine Haltefunktion.

Sinnvolle Gebrauchsgegenstände für das linkshändige Kind

Sinnvolle Gebrauchsgegenstände für das linkshändige Kind (Grundausstattung)

Sinnvolle Gebrauchsgegenstände für das linkshändige Kind in der Schule sind:

- Schere für Linkshänder, wenn das Kind eine Linkshänderschere benutzt
- Spitzer für Linkshänder (gibt es auch mit Döschen)
- Schreibunterlage für Linkshänder zum Einprägen einer lockeren Schreibhaltung
  (Auer Verlag, ISBN 3-403-02926-3)
- eventuell ein Lineal für Linkshänder, auf dem die Zahlen von der anderen Seite aus zählen. Bei Kindern, die zum Verdrehen von Buchstaben und Zahlen neigen, sollte man jedoch eher zurückhaltend sein, um das Kind nicht zu verwirren.
- Kollegblock für Linkshänder mit Ringspirale auf der rechten Seite und Lochung auf der linken (für ältere Schüler)

Sinnvolle Gebrauchsgegenstände für das linkshändige Kind zu Hause sind:

- Kartoffel- bzw. Gemüseschäler
- Taschenmesser
- Dosenöffner

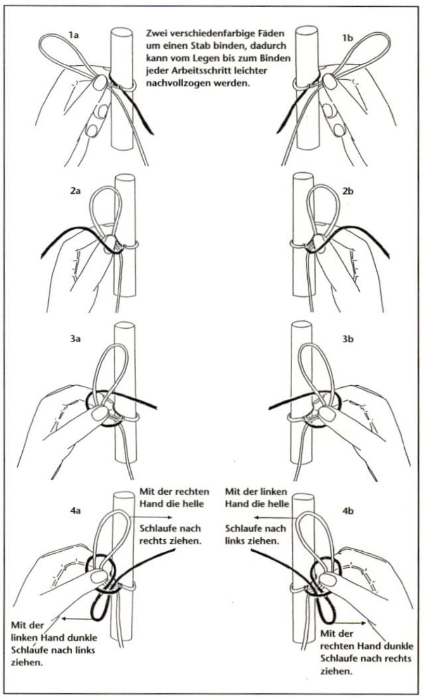

Stricken, Sticken und Häkeln

Bei Textilarbeiten und Werken macht das linkshändige Kind die Abläufe leichter umgekehrt. Es stickt und häkelt mit links und auch das Stricken geht in die andere Richtung leichter. Allerdings fällt es rechtshändigen Lehrerinnen oft schwer, das zu zeigen und dazu anzuleiten.

Hilfestellung kann ein Spiegel bieten, in dem das Kind die umgekehrten Abläufe beobachten kann. Manchmal können auch ältere linkshändige Schülerinnen und Schüler helfen oder Eltern und Großeltern zeitweise herangezogen werden.

Im Musik- und Sportunterricht müssen spezifische und individuelle Lösungen gefunden werden, die zu behandeln unser heutiges Thema weit sprengen würde.

Dieses Referat versucht den Eltern linkshändiger Kinder Hilfestellungen zu geben, um auf bestimmte Eigenschaften und auch Schwierigkeiten ihres Kindes besser eingehen zu können. Sie sollen ihr Kind besser verstehen lernen und es ihm erleichtern, in der für Rechtshänder eingerichteten Umwelt zurechtzukommen.

Für Eltern rechtshändiger Kinder ist es sicher auch wichtig, darüber etwas Bescheid zu wissen, denn Freunde ihres Kindes oder Verwandte können auch linkshändig sein. Für uns alle führen Kenntnisse über die Begabungen und die Schwierigkeiten des linkshändigen Kindes zu einer größeren Toleranz, das heißt zu einem besseren Hineinwachsen aller Kinder in unsere Gesellschaft, sowohl der Linkshänder als auch der Rechtshänder.

Informationsmaterial für Eltern zum Kopieren

Grundregeln für linkshändige Schülerinnen und Schüler[1]

Linkshändige Schülerinnen und Schüler können genauso schön schreiben wie Rechtshänder[2].

Linkshändigkeit ist keine schlechte Angewohnheit, sondern Ausdruck der motorischen Dominanz der rechten Gehirnhemisphäre – Händigkeit ist Hirnigkeit.

Linkshändige Kinder sollen in ihrer Händigkeit gefördert werden. Jegliche Umschulungsversuche sollen unterbleiben.

Umschulung der Händigkeit bedeutet einen unblutigen, z. T. massiven Eingriff in das menschliche Gehirn.

Rückschulungsversuche bei umgeschulten Linkshändern auf die eigentlich dominante Hand sind aber ein Experiment mit dem eigenen Gehirn. Sie sind mit Chancen, aber auch mit Gefahren für den Betroffenen verbunden.

Gebrauchsgegenstände für Linkshänder müssen für das Kind von Anfang an zur Verfügung stehen.

Hilfestellungen zum Erlernen der Schreibhaltung beim linkshändigen Kind sind äußerst wichtig.

Der Sitzplatz in der Schule, am Arbeitsplatz und bei Tisch ist so für den Linkshänder zu gestalten, dass er neben einem Rechtshänder links außen sitzt oder neben einem anderen Linkshänder, damit sich die Nachbarn nicht mit den hantierenden Armen in die Quere kommen.

Der Lichteinfall am Arbeitsplatz soll möglichst von rechts kommen.

Die Computermaus sollte von Anfang an auf der linken Seite stehen und eine lange Schnur haben. Von ergonomischen Gestaltungen nur für die linke oder rechte Hand ist abzusehen.

Es gibt bestimmte Bewegungsabläufe im täglichen Leben, die nicht geändert werden können, weil sie durch die funktionalen Eigenschaften normierter Geräte technisch-traditionell festgelegt sind. Dazu gehören normierte Drehrichtungen z. B. bei Schrauben, Glühbirnen, Flaschenschraubverschlüssen, Wasserhähnen und Heizungsreglern. Auch die Fahrseite auf der Straße und der damit verbundene Sitz des Fahrers im Auto können nicht willkürlich abgeändert werden.

---

1 Aus: Sattler, Johanna Barbara, Übungen für Linkshänder. Schreiben und Hantieren mit links. Auer Verlag Donauwörth, 1996, 7. Aufl. 2003, S. 85.

2 Ebenda: Vorwort von Prof. Dr. Angelika Speck-Hamdan, S. 7.

Johanna Barbara Sattler

Zur Testung der Händigkeit[1]

Vorbemerkung

Zunächst muss eindeutig darauf hingewiesen werden, dass eine seriöse Händigkeitstestung nur von einem spezialisierten Fachmann durchgeführt werden kann. Das ist durch die Tatsache begründet, dass Händigkeit nicht nur eine Frage des bevorzugten Handgebrauchs für bestimmte Tätigkeiten ist, sondern mit der Betonung im menschlichen Gehirn zusammenhängt beziehungsweise durch die motorische Dominanz der gegenüberliegenden Gehirnhälfte verursacht wird.

Wir haben es hier also mit hoch komplizierten Prozessen aus dem neurophysiologischen Bereich zu tun, die durch bestimmte Störungen und negative Beeinflussungen unter anderem auch in eine Irritation der Händigkeit münden können (oft treten in solchen Fällen auch andere Störungen in der Entwicklung des Kindes auf, zum Beispiel in der Fein- und Grobmotorik oder der Sprache, wobei die nach außen nicht eindeutige Händigkeitsentwicklung *nicht Ursache,* sondern *Folge ist.*

Neben diesen neurophysiologischen Irritationen der Händigkeitsentwicklung kennen wir aber noch zwei andere massive Einflussfaktoren:

1. Umschulungsversuche der Umgebung des linkshändigen Kindes zum Gebrauch der rechten Hand und
2. Modell- und Nachahmungsverhalten des linkshändigen Kindes als Anpassung an die rechtshändige Umwelt.

Das bedeutet, dass Linkshändigkeit sich bei einem Kind, aber auch bei einem Erwachsenen, sehr unterschiedlich nach außen manifestieren und vornehmlich durch eine oder mehrere der drei genannten Ursachen verzerrend beeinflusst worden sein kann.

Hier zu einem sicheren Ergebnis über die tatsächliche, angeborene Händigkeit zu kommen ist oft nicht leicht, denn es setzt sowohl medizinische Kenntnisse als auch psychologisches und soziologisches Wissen voraus. Außerdem gehört noch eine sehr geschulte Beobachtung und die Kenntnis sinnvoller Testmethodik zur Händigkeitsuntersuchung dazu.

Eine pure *Selbsteinschätzung* der eigenen Händigkeit durch das Kind, aber auch bei vielen Erwachsenen, ist besonders bei nicht eindeutiger Händigkeitsmanifestation sehr *gefährlich* und es soll ausdrücklich davor *gewarnt werden.*

Professionelle Händigkeitsuntersuchungen

Folgende Berufsgruppen sind für Händigkeitsuntersuchungen besonders prädestiniert, wobei der einzelne Vertreter aber doch eine etwas tiefergehende Weiterbildung auf diesem Gebiet vorweisen können sollte, denn in den meisten Berufsausbildungen wird bis heute leider nicht speziell auf Fragen der Händigkeitsbestimmung eingegangen, jedoch bestätigen

---

1 Diese Ausführungen erschienen in der Zeitschrift „Left Hand Corner", Nr. 2/1998, S. 6–12 und wurden für diesen Abdruck im Jahr 2004 unter Einbeziehung neuer Erkenntnisse und Erfahrungen letztmalig überarbeitet.

Ausnahmen natürlich wieder die Regel: Ergo- und Mototherapeuten, Heilpädagogen, Schulpsychologen, manche Sozial- und Sonderpädagogen und spezialisierte Linkshänder-Berater.

Überlegungen zur Selbstbeobachtung der Händigkeit

Um aber auch dem Nichtfachmann und den Betroffenen gewisse Anhaltspunkte zu geben, sollen doch einige – eher als Vortest zu betrachtende – Hinweise aufgeführt werden. Selbstverständlich ist bei manchen Menschen die Linkshändigkeit so eindeutig, dass keinerlei Zweifel an ihr bestehen und die oben aufgeführten Überlegungen nicht relevant sind. Das sind Menschen, die oft schon seit ihrem ersten bis zweiten Lebensjahr wichtige Tätigkeiten bevorzugt mit der linken Hand ausgeführt haben. Sofern es nicht zu einer Beeinflussung der Linkshändigkeit von außen kommt, wechseln diese Kinder auch nicht im Handgebrauch, sondern bevorzugen durchgehend die linke Hand. Oft trifft das auch auf die Füße zu. Jedoch ist hier manchmal nicht eindeutig zu entscheiden, welches bei bestimmten Bewegungsabläufen der wichtigere Fuß ist, besonders wenn beide Füße dabei gebraucht werden – wie zum Beispiel beim Fußballspielen, wo auch das Standbein und nicht nur der kickende Fuß wichtig ist.

Dann gibt es aber die Gruppe der Linkshänder, die durch sanfte oder früher massive bis brutale Umschulungsmaßnahmen (wie Überredung, Schläge, Festbinden oder Eingipsen der linken Hand) zum Gebrauch der rechten Hand umgeschult wurden. Das betrifft besonders Kulturverhalten und -techniken, wie essen mit Messer, Gabel und Löffel, Hand geben bei der Begrüßung („gib doch das schöne Händchen"), malen, schreiben und schneiden, Kartoffeln schälen und Handarbeiten.

Diese Gruppe der linkshändigen Kinder bzw. Erwachsenen verrichtet viele der genannten Tätigkeiten mit der rechten Hand. Andere, von den Erziehungsmaßnahmen nicht betroffene Tätigkeiten werden jedoch zu einem großen Teil weiter links vollzogen. Dazu gehört oft Zähne putzen, greifen, Blumen gießen, würfeln, kreiseln. Hier werden bewusst Tätigkeiten aufgezählt, die *nur mit einer Hand vollzogen* werden und deren Beobachtungsmöglichkeit leicht durchführbar ist und die aussagekräftiger sind als manche mit *zwei Händen* ausgeführte Handlungen. Einhändig durchgeführte Sportarten wie Handball, Tennis, Fechten, Hockey oder Golf hingegen sind stark von der Art, wie der Lehrer es dem linkshändigen Kind vorgemacht und gezeigt hat, abhängig und sie sind daher kein sicheres Indiz für die Händigkeit. So ist häufiger zu beobachten, dass eindeutig linkshändige Kinder zum Beispiel rechts werfen oder Golf spielen.

Linkshändige Kinder, die oft auf Grund von leichten zerebralen Störungen (die im Normalfall nicht die Intelligenz betreffen!) längere Zeit brauchen, um deutlich ihre Linkshändigkeit zu manifestieren, und die zeitweise im bevorzugten Handgebrauch hin- und herwechseln, sind besonders gefährdet, sich eine falsche Händigkeit einzuüben. Sie haben manchmal leichte Störungen in der Feinmotorik und daher ermüdet die dominante Hand schneller und sie wechseln dann auf die andere Hand über. Manche linkshändige Kinder gewöhnen sich dadurch einen andauernden Wechsel des Handgebrauchs so an, dass die nicht dominante rechte Hand schließlich bestimmte Tätigkeiten ganz übernimmt und automatisiert. Das kann in umgekehrter Richtung auch bei einem rechtshändigen Kind geschehen. Allerdings zielen auch heute noch die zwar meist eher vorsichtig versuchten Umschulungen bei kleinen Kindern eher in eine Beeinflussung zur Rechtshändigkeit und somit sind linkshändige

Kinder mit zunächst wechselndem Handgebrauch stärker gefährdet. Man sollte diese Kinder in Ruhe lassen und möglichst wenig Fragen zur Händigkeit vor dem Kind diskutieren, um es nicht zu beeinflussen. Ansonsten kann es geschehen, dass sich manche linkshändigen Kinder bewusst selbst umschulen, weil sie meinen, Rechtshändigkeit sei besser für sie oder weil sie zum Beispiel einem Elternteil die größere Glaubwürdigkeit einräumen und sich nach dessen Meinung ausrichten.
Hier ist besonders das Modell- und Nachahmungsverhalten der intelligenten und wachen Kinder ein gefährlicher Beeinflussungsfaktor der angeborenen Händigkeit.
Hat sich bei einem solchen Kind etwa im Alter von vier bis fünf Jahren noch keine eindeutige Händigkeit herausgestellt, sollten unbedingt fachlicher Rat und kompetente Hilfe eingeholt werden. Denn spätestens zu Schulbeginn muss die Schreibhand festgelegt sein. Andere Tätigkeiten können eventuell weiterhin mit der nicht dominanten Hand ausgeführt werden, um eingeübte Handlungsabläufe des Kindes nicht zu sehr durcheinanderzubringen und das Kind durch zu viele Umstellungen zu überlasten und zu stark zu frustrieren.
Erwachsene Linkshänder haben diesen wechselnden Handgebrauch und die Anpassung an die rechtshändige Umwelt in der frühen Kindheit oft vergessen und verdrängt, so dass mancher eine sehr große Affinität zu seiner linken Hand verspürt, ohne sich aber konkret an eine Umschulung der Händigkeit zu erinnern. Er ist eigentlich ein Linkshänder, kann diese Wahrnehmung aber nicht mehr an Geschehnissen und Erinnerungen festmachen. Manchmal können hier Kinderfotos weiterhelfen, denn auch die Eltern haben die anfängliche Neigung zur Linkshändigkeit ihres Kindes später oft vergessen oder überhaupt nicht wirklich darauf geachtet und wahrgenommen.
Es gibt aber auch viele linkshändige Kinder, die wach und intelligent sind und ihre Umgebung sehr gut beobachten und genau nachahmen. Wenn so ein linkshändiges Kind etwas zum Wechseln des Handgebrauchs neigt und/oder die Umgebung gute Argumente für den Gebrauch der rechten Hand anbringt, schulen sich solche linkshändigen Kinder oft selbst auf die rechte Hand um, was dann in die entsprechenden Umschulungsfolgen mündet.[1]

Einige Tätigkeiten, die zur Händigkeitsbestimmung geeignet beziehungsweise ungeeignet sind:

1. a) Besonders aussagekräftig sind Tätigkeiten, die nur mit **einer Hand** durchgeführt **werden und möglichst wenig von erzieherischen Maßnahmen beeinflusst** sind:
   - Blumen gießen (kleine Kanne)
   - Zähne putzen
   - kreiseln
   - würfeln
   - Perlen aus einem Gefäß holen und wieder in dieses einsammeln
   - Perlen auf einen senkrecht befestigten dünnen Draht stecken
   - Streichhölzer zählen
   - Streichhölzer in die Schachtel zurücklegen

---

1 Siehe dazu Sattler, Johanna Barbara, Der umgeschulte Linkshänder oder der Knoten im Gehirn. Auer Verlag Donauwörth, 2004 (8).

1. b) Tätigkeiten, die **beide Hände** erfordern, erweisen sich oft als **irritierende Beobachtungskriterien,** weil verschiedene Größen und unterschiedlich gutes Handling von Gegenständen den Handgebrauch beeinflussen:
   - Perlen auffädeln
   - Messer und Gabel benutzen
   - kehren mit Besen und Schaufel
   - blättern in einem Buch

2. Bestimmte Tätigkeiten können ein sehr gutes Beobachtungskriterium sein, da sie aber stark im Blickpunkt der Erziehung stehen, werden sie oft beeinflusst und sind bei Umschulungsversuchen der Händigkeit äußerst irreführend:
   - essen mit dem Löffel, der Gabel
   - malen und schreiben

3. Durch **fehlende linkshandgerechte Gebrauchsgegenstände** beeinflusster Handgebrauch ist auch ein oft sehr irritierendes Beurteilungskriterium, besonders weil häufig die durch Automatisierung erfolgte feste Einübung vergessen wird. So glauben manche Eltern, dass, wenn sie ihrem sechsjährigen, linkshändigen Kind jetzt endlich eine Linkshänderschere kaufen, es diese auch begeistert annimmt und sofort mit ihr problemlos schneiden kann. Sie vergessen, dass das Kind schon mindestens drei Jahre mit der nicht so günstigen Rechtshänderschere in der linken Hand geschnitten hat, die Hand-Augenkoordination sich fest eingeprägt hat und das Kind nicht ohne Anpassungs- und Umlernprozesse mit der eigentlich viel geeigneteren Linkshänderschere schneiden kann. Ganz besonders muss hier genannt werden:
   - schneiden
   - Gebrauch des Kartoffelschälers und Dosenöffners
   - oft auch die Benutzung des Bügeleisens

4. Typisch für linkshändige Kinder ist die **Spiegelschrift,** also das Verdrehen einzelner Buchstaben und ganzer Wörter. Viele linkshändige Kinder möchten in der oberen rechten Ecke zu lesen beginnen oder blättern das Buch von hinten nach vorne. Allerdings ist hier wieder Vorsicht angesagt, denn auch rechtshändige Kinder verdrehen anfangs manchmal Buchstaben.

5. Händigkeitstests wie Spurennachzeichnen, Punktieren u. Ä. sollten nur von Fachleuten durchgeführt und ausgewertet werden.
   Auch ist vor weitgehenden **Rückschlüssen aus der Schreibqualität** von Kindern zu warnen, insbesondere, wenn man Kinder im Alter um die Einschulungszeit ihren Namen einmal mit der rechten und einmal mit der linken Hand schreiben lässt. Dieses erste Schreiben ist oft mehr ein sehr konzentriertes Malen und kein wirklich aussagekräftiges Kriterium für die Händigkeit des Kindes.

6. Die **Füßigkeit ist ein sehr gefährliches Testkriterium**. Auf der einen Seite treten Entscheidungsschwierigkeiten auf, welcher Fuß der wichtigere ist, und auf der anderen Seite können bei der Füßigkeit oft auch wieder irritierende Auswirkungen aus ganz anderer Ursache relevant werden. Natürlich kann man den bevorzugten Fußgebrauch beobachten, aber man sollte sehr vorsichtig mit Schlussfolgerungen sein.

Seite 4 des Artikels: Johanna Barbara Sattler, Zur Testung der Händigkeit

7. Häufig wird auch die **Äugigkeit** geprüft, zum Beispiel beim Durchschauen durch ein Papierrohr, ein Kaleidoskop oder durch das Schlüsselloch. Aber ähnlich wie auch bei der **Ohrigkeit** kommt es hier oft zu Irritationen auf Grund von ganz anderen Einflüssen, die in Funktionsstörungen bereits in dem jeweiligen Organ, also dem Auge oder Ohr, begründet sind, oder sogar im Gehirn. Daher sind dies auch sehr mit Vorsicht zu behandelnde Tätigkeitskriterien. Außerdem wird von Wissenschaftlern immer mehr angezweifelt, dass es sich bei dem Gebrauch der Hand, beim Hören und Sehen um vergleichbare, kongruente Funktionen des Gehirns handelt.

Schlussüberlegungen

Es war nicht Absicht dieses Artikels, Eltern oder Betroffene zu verwirren, sondern vor übereilten Schlüssen zu warnen, die massive negative Folgen für den Betroffenen haben können. Gerade bei der Untersuchung der Händigkeit wurde und wird leider auch heute noch manchmal sehr oberflächlich und leichtfertig vorgegangen, und zwar meist zum Schaden des Linkshänders.

Zuletzt soll aber noch betont werden, dass man sich nicht verrückt machen, sondern die Sache eher mit Gelassenheit angehen soll.

Eine Tatsache darf dabei nie vergessen werden: Wir haben zwei Hände, die wir benutzen, und meist stellt sich die Führungshand eindeutig heraus, aber manchmal benutzt man auch die andere, nicht dominante Hand für vermeintliche oder tatsächliche Führungsaufgaben, ohne dass es sofort zu Irritationen kommt.

Kritisch wird es auf alle Fälle beim Schreiben mit der nicht dominanten Hand und bei anderen sehr häufig ausgeführten, eine Hand besonders belastenden Tätigkeiten, wie zum Beispiel beim Musizieren, beim Sport und ganz besonders später, wenn die Tätigkeit als Beruf ausgeübt wird. Zu nennen sind zum Beispiel Schlagzeug und Gitarre oder auch Fechten, Tennis und Bewegungsabläufe wie beim Ballett. Hier ist es absolut wichtig, die tatsächlich dominante Hand herauszufinden und gerade sie für diese Tätigkeiten zu benutzen.

Das auf den beiden folgenden Seiten abgedruckte Informationsblatt kann in der gleichen Art auf Vorder- und Rückseite eines DIN-A4-Blattes kopiert und in der Mitte zusammengefaltet werden. Nur dann stehen die zusammengehörigen Seiten richtig nebeneinander.

8. Schreibhefte in der 1. Klasse

– Manche Lehrer/Lehrerinnen verwenden in der 1. Klasse Schreiblernhefte, in denen links, zu Beginn der Zeile, ein Buchstabe oder ein Wort vorgeschrieben ist, welche das Kind selber mehrmals auf der Zeile nachschreiben soll. Hierbei verdeckt sich der Linkshänder, auch bei der günstigen, lockeren Schreibhaltung, die Vorlage. Daher wäre es ratsam, auch am rechten Zeilenende Buchstaben oder Wörter als Muster vorzuschreiben; ein Pfeil oder Punkt links ist wichtig, um den richtigen Zeilenanfang zu kennzeichnen z. B.:

→ a ______________________________ a

→ Hase ___________________________ Hase

9. Schreibtempo und Schriftbild

– Grundsätzlich gilt, dass linkshändige Kinder genauso schön und genauso hässlich, genauso schnell und genauso langsam schreiben wie rechtshändige Kinder auch.
– Linkshändige Kinder, die ausgesprochen langsamer als ihre Klassenkameraden schreiben, haben häufig leichte feinmotorische Störungen, die unabhängig von der Händigkeit zu sehen sind. Das Gleiche gilt auch für Rechtshänder.
– Eine Schriftneigung nach rechts ist für linkshändige Kinder oft nicht leicht durchzuführen. Im Sinne der Individualität des linkshändigen Kindes muss man die Konvention des rechtsschrägen Schriftbildes verlassen Bei einer günstigen Handhaltung und Lage des Heftes wird die Schriftneigung eher steil bis leicht linksschräg. Wichtig ist allerdings, dass sich eine gleichmäßige und lesbare Schrift ausbildet.

Im Lehrplan für die Grundschulen in Bayern (2000) wird besonders darauf hingewiesen, dass **„Linkshänder … nicht zum bevorzugten Gebrauch ihrer nicht dominanten Hand angehalten werden“ dürfen. „Die angeborene Händigkeit darf nicht umgeschult werden.“ (D 1/2.2), S. 78**

Literaturhinweise:

Meyer, Rolf W., *Linkshändig? Ein Ratgeber.* Humboldt-Taschenbuchverlag, München 1991, 1997 (3)

Staatsinstitut für Schulpädagogik und Bildungsforschung, *Das linkshändige Kind in der Grundschule.* München 1993, Vertrieb: Auer Verlag, Donauwörth, 2001 (10)

Sattler, Johanna Barbara, *Der umgeschulte Linkshänder oder Der Knoten im Gehirn.* Auer Verlag, Donauwörth, 1995, 2002 (7)

Dreiteilige Veröffentlichung, einzeln beziehbar: Sattler, Johanna Barbara,
– *Übungen für Linkshänder. Schreiben und Hantieren mit links*, 1996, 2002 (6)
– *Übungsheft für Linkshänder,* 1997, 2001 (5)
– *Schreibunterlagen-Block für Linkshänder,* 1996, 2001 (5)
Auer Verlag, Donauwörth

Sattler, Johanna Barbara, *Die Psyche des linkshändigen Kindes. Von der Seele, die mit Tieren spricht.* Auer Verlag, Donauwörth, 1998, 2000 (3)

Sattler, Johanna Barbara, *Links und Rechts in der Wahrnehmung des Menschen. Zur Geschichte der Linkshändigkeit.* Auer Verlag, Donauwörth, 2000

Sattler, Johanna Barbara, *Das linkshändige Kind – seine Begabungen und seine Schwierigkeiten.* Auer Verlag, Donauwörth, 2003

München, den 19. 11. 2002

Erste deutsche Beratungs- und Informationsstelle für Linkshänder und umgeschulte Linkshänder
Sendlinger Str. 17, 80331 München, Tel. 0 89/26 86 14
info@lefthander-consulting.org
www.lefthander-consulting.org

INFORMATIONSBLATT zum SCHREIBEN MIT DER LINKEN HAND

1. Allgemeine Hinweise

Methodische Hilfestellungen sind notwendig, da das linkshändige Kind von sich aus nur schwer eine unverkrampfte und lockere Schreibhaltung findet.

Wichtig dabei ist:

– Die lockere Schreibhaltung muss dem Kind vom ersten Tag des Schreibens an gezeigt werden. Fehlhaltungen lassen sich später kaum noch korrigieren.
– Die Schreibhaltung muss vom Lehrer/von der Lehrerin ständig überwacht werden, insbesondere in den ersten drei bis vier Monaten nach Beginn des Schreiblehrgangs.
Vorsicht: Linkshänder ahmen oft rechts schreibende Kinder nach.
– Es ist dringend notwendig, dass sich Eltern über eine lockere linkshändige Schreibhaltung informieren und den Lehrer/die Lehrerin zu Hause unterstützen.
– Die Schreibhand muss unbedingt beibehalten werden. Durch ständigen Wechsel der Schreibhand werden schreibmotorische Muster im Gehirn verzögert und gestört aufgebaut.
– Das linkshändige Schreiben muss psychologisch vorbereitet und diesbezügliche Befürchtungen der Eltern müssen ausgeräumt werden. Das Kind soll nicht den Eindruck erhalten, dass es wegen seiner Linkshändigkeit ein Sorgenkind ist. Es muss seine Linkshändigkeit als ein natürliches Phänomen erfahren. Daher sollte es auch nicht zu Überbetonung und Überfürsorglichkeit kommen, die fast immer eine Gegenreaktion bei den Mitschülern und Geschwistern hervorrufen.
– Werkzeuge sind u. a.: weiche Blei- und Buntstifte, Linkshänderfüller, -scheren und -spitzer. Für manche Schüler sind Linkshänderlineale ungeeignet.
– Ein Kind, das spontan mit der linken Hand zu malen und zu schreiben beginnt, darf auf keinen Fall zum Schreiben mit der rechten Hand angehalten werden. Bei Kindern, die häufig die Schreibhand wechseln, muss durch einen auf Händigkeit spezialisierten Fachmann, z. B. einen Schulpsychologen oder Ergotherapeuten, die Händigkeit festgestellt werden.
– Verunsicherte und verängstigte, aber auch wache und angepasste linkshändige Kinder neigen dazu, sich von alleine auf die rechte Hand umzuschulen (Modellverhalten). Das geschieht besonders dann, wenn sie wegen ihrer Linkshändigkeit von Mitschülern verspottet werden oder wenn sie schon im Kindergarten deswegen, ihrer Meinung nach negativ, aufgefallen sind oder insbesondere dann, wenn sie durch mangelnde methodische Hilfen die Schwierigkeiten beim Schreiben nicht überwinden können. Diese Selbstumstellung muss unterbunden werden, da sie dieselben Folgen wie eine von Erwachsenen erzwungene Umschulung haben kann

Abb.: Einüben einer lockeren Haltung durch Verwendung der Schreibunterlage (Auer Verlag)

2. Schreibhaltung

Lage des Heftes: Die Heftseite, die beschrieben wird, liegt links der Mittelachse, die durch Nase und Wirbelsäule festgelegt wird. Weder der Körper noch der Kopf weicht beim Schreiben davon ab.

Lage der linken Hand: Die linke Hand stützt sich auf die Handkante und die seitliche Fläche des kleinen Fingers. Handrücken und Unterarm bilden einen stumpfen Winkel.

Lage der rechten Hand: Die rechte Hand hält das Heft am rechten Blattrand, anfangs möglichst etwas über der Höhe der gerade beschriebenen Zeile.

Neigung des Heftes: Die rechte obere Ecke ist im Vergleich zur linken oberen Ecke nach unten verschoben. Der Neigungswinkel kann variieren. Beim linkshändigen Schreiben ist ziehendes und stoßendes Schreiben grundsätzlich möglich. Beim ziehenden linkshändigen Schreiben wird die Schrift, bedingt durch die starke Neigung des Heftes, allerdings manchmal linksschräg.

Haltung der Finger: Alle Finger bleiben grundsätzlich unterhalb der Schreiblinie. Die Federspitze zeigt etwas nach rechts bzw. liegt flach auf dem Blatt. Das Schreibgerät liegt auf dem vorderen Glied des Mittelfingers und wird vom Daumen und Zeigefinger gehalten. Das hintere Ende des Schreibgerätes zeigt etwa in Richtung des linken Ellenbogens. Das Schreibgerät sollte weder zu nah noch zu weit von der Spitze gehalten werden.

Häufigste Mängel: Heben der linken Schulter; Vorschieben des linken Ellenbogens (führt zur Krümmung der Wirbelsäule), Drehung des Kopfes nach rechts; hakenförmige Handhaltung (Schreibhand über der Zeile); rechte Hand liegt so auf dem Blatt, dass um sie „herumgeschrieben werden muss“; Heft ist zu weit nach rechts verschoben; der rechte Rand des Heftes liegt höher als der linke.

Hakenhaltung der Schreibhand „von oben“
Aus: Sattler, Das linkshändige Kind – seine Begabungen und seine Schwierigkeiten, Donauwörth 2003, 46

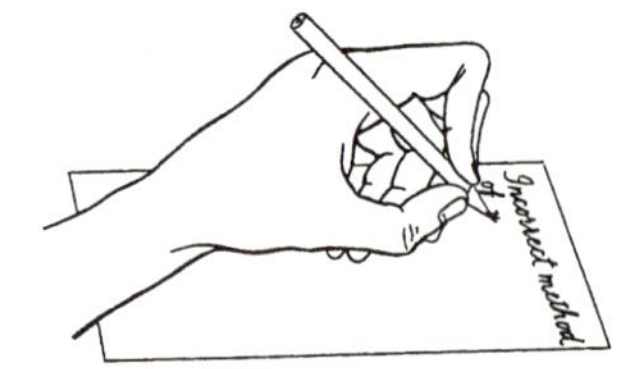

Schreiben gegen den Körper hin
Aus: Clark, M. M., Left-Handedness, London 1957, 85

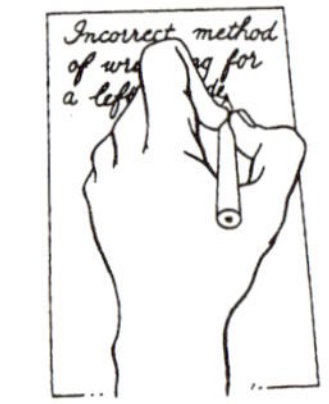

Arm krampfhaft an die Seite gepresst
Aus: Clark, M. M., Left-Handedness, London 1957, 85

Abb.: Ungünstige Haltungen beim linkshändigen Schreiben

3. Spiegelschrift, eine normale Anfangserscheinung

- einzelne Buchstaben in Spiegelschrift
- Wörter in Spiegelschrift
- Vertauschen von Buchstaben/Silben: oben enob ebon
- Beginn des Lesens in der oberen rechten Ecke
- Schreibrichtung von rechts nach links in Spiegelschrift; Spiegelschrift und Verdrehungen von Buchstaben verschwinden gewöhnlich im Verlauf des 1. Schuljahres von alleine; bei längerem Anhalten sollte ein Fachmann, z. B. ein Schulpsychologe, zu Rate gezogen werden.
- Vertauschen und Verdrehungen von Buchstaben kommt selten und meist weit weniger ausgeprägt auch bei rechtshändigen Kindern vor und sind häufig ein Signal für physiologische Störungen, die nichts mit der Händigkeit zu tun haben.

4. Sitzordnung

- Der Linkshänder darf links von sich keinen rechtshändigen Nachbarn haben.

5. Lichteinfall

- Der Arbeitsplatz sollte von rechts oder von vorne beleuchtet werden.

6. Erinnerungsstützen für die richtige Hand- und Heftlage

- Hilfreich kann es für das Kind sein, wenn zu Hause auf der Schreibunterlage die Umrisse der richtigen Lage des Schreibheftes z. B. mit Tipp-Ex oder Nagellack vorgezeichnet werden (DIN A5 und DIN A4), so dass immer die richtige Heftlage nach rechts in Erinnerung bleibt. Dabei hilft auch die **Schreibunterlage**, die als Block erhältlich ist (s. Abb.). Für die Schule kann durch Abschneiden des rechten Teils des Schreibunterlagenblatts und Überziehen des linken Teils mit einer durchsichtigen Schutzfolie eine unterrichtsgerechte Schreibunterlage geschaffen werden.
- Hilfreich können auch Nachspurübungen sein, die viele Kinder bereits ein Jahr vor dem Schulbeginn fähig sind durchzuführen (Vorschläge dazu in: Übungen für Linkshänder)
- Auch das Schreiben mit Kreide auf eine Tafel kann helfen, damit von Anfang an eine günstige Handhaltung gefunden wird, da der mit der Kreide geschriebene Text, ähnlich wie später bei der Tinte, durch eine ungünstige Haltung verwischt wird.

7. Körperhaltung

- Die Körperhaltung beim Schreiben gleicht der des Rechtshänders.

Johanna Barbara Sattler

Folgen der Umschulung der Händigkeit[1]

Die Händigkeit des Kindes wird auch heute noch von manchen Menschen als eine Frage der Geschicklichkeit angesehen.

Die Händigkeit ist jedoch Ausdruck der motorischen Dominanz der gegenüberliegenden Gehirnhälfte. Durch Umschulung der Händigkeit kann es zu massivsten Störungen z. B. im Bereich der Gedächtnisprozesse (Lernen, Behalten und wieder Abrufen des Gelernten) und der Konzentrationsfähigkeit kommen. Dabei ist es gleichgültig, ob die Umschulung von der linken auf die rechte oder von der rechten auf die linke Hand – im Falle eines Unfalls – vorgenommen wurde.

Bei Kindern und, mit Einschränkungen, auch bei Erwachsenen kann sich so eine Umschulung in legasthenischen Eigenschaften, in gemindertem Durchhaltevermögen, geringerer geistiger Belastbarkeit, motorischen Störungen äußern und in Sekundärfolgen wie Überkompensation, unregelmäßigen Schulleistungen, geminderter Reproduzierungsfähigkeit des gelernten Stoffes. Weitere häufige Folgen sind Verhaltensreaktionen wie „Kaspertheaterspielen" oder Rückzugstendenzen, verbunden mit starken Minderwertigkeits- und Versagergefühlen; auch Stottern und Bettnässen können oft damit in Verbindung gebracht werden.

Diesen Schwierigkeiten stehen Eltern und oft auch Lehrer relativ hilflos gegenüber. Gerade für Eltern kann es äußerst schmerzhaft sein, wenn das Kind, das sie bis zum Schuleintritt „gut über alle Gefahren gebracht haben" (Schwangerschaft, Geburt, erste Entwicklungsjahre) und das sich zunächst geistig wach und hoffnungsvoll entwickelte, dann in der Schule durch seine Leistungen enttäuscht und somit versagt. Ein solcher Bruch trifft die Eltern meist völlig unerwartet. Mit dieser Enttäuschung finden sie sich zunächst nicht so schnell ab, es dauert geraume Zeit, bis dann das Kind endgültig als das „dümmere", „unbegabtere" in der Familie neu eingeordnet wird und alle Hoffnungen gegebenenfalls auf eines der Geschwister verlagert werden.

Für das Kind selbst führt diese Veränderung des Sicherheitsgefühls in Bezug auf sein eigenes Können und seine Fähigkeit – verbunden mit der Wahrnehmung der stolzen Zuwendung der Eltern – zu der Erfahrung des unbegreiflichen Versagens und Nichtfunktionierens. Das ist ein äußerst massiver Eingriff in die ganze weitere psychische und kognitive Entwicklung. Das Kind empfindet das als einen unerwarteten Bruch, „der alles ins Wanken bringt" und es nimmt oft sehr deutlich die manchmal kaum kaschierte Enttäuschung der Eltern (und schließlich ihr Abfinden mit der neuen Situation) wahr. Es entwickelt sich ein neues Selbstbild des Versagers, des Unbegabten, Dummen. Dies drückt sich nicht nur in dem ganzen Erscheinungsbild des Kindes aus, sondern bedeutet oft sogar gesundheitliche Beeinträchtigungen mit tief einschneidenden, persönlichkeitsdeformierenden Prozessen.

Es wird oft gefragt, wie es heute noch zu diesem „massivsten unblutigen Eingriff" in das menschliche Gehirn kommen kann, „denn es wird doch nicht mehr umgeschult". Umgeschult wurde aber noch bis vor wenigen Jahren und oft sogar drastisch, z. B. durch Schläge

1 Diesem Text liegt der Artikel „Umschulung der Händigkeit. Ein massiver Eingriff ins menschliche Gehirn" von Johanna Barbara Sattler in *Lernen-Fördern. Zeitschrift für Eltern, Lehrer und Erzieher,* Heft 5, Oktober 1986, S. 10 f., zugrunde. Die Ausführungen wurden für diesen Abdruck im Jahr 2004 unter Einbeziehung neuer Erkenntnisse und Erfahrungen letztmalig überarbeitet.

auf die linke Hand oder auch durch Umwickeln der Hand mit einem Handtuch (in mehreren Fällen hat sich der Lehrer sogar auch noch auf die „falsche Hand" gesetzt) oder „humaner" durch einen nassen Waschlappen und Festbinden der linken Hand.
Solche Methoden und Strafen sind heute nicht mehr üblich, eher noch der Versuch, dem linkshändigen Kind durch Versprechungen (Geld, Süßigkeiten) oder durch moralischen Druck („Du hast es mir doch versprochen ...") zum Gebrauch der nicht dominanten rechten Hand zu überreden.
Viele Kinder werden schon vor ihrem Eintritt in die Schule beim Gebrauch ihrer Händigkeit beeinflusst und schulen sich, unter Druck von außen oder sogar aus eigenem Bedürfnis – durch Modell- und Nachahmungsverhalten –, selbst von der linken auf die rechte Hand um. Die erste kritische Phase entsteht beim Lernen, mit Messer und Gabel umzugehen, und beim Handgeben. Gerade in dieser Zeit haben Verwandte und Bekannte großen Einfluss auf das Kind und manchmal genügt relativ wenig Einsatz, das Kind zu überzeugen, „wie alle anderen auch", rechts, mit dem „schönen Händchen", alles zu tun.
Diese Umwelteinflüsse können Eltern bis zu einem gewissen Grad kontrollieren. Die Kindergartenzeit ist aber die nächste, äußerst kritische Phase, wo das Kind durch Einfluss der Gruppe (Vorbild, Modell, Nachahmung), der Erzieherin oder der Eltern anderer Kinder selbst zu dem Entschluss kommen kann, sich von der linken auf die rechte Hand umzuschulen. Gerade die Kinder, die angeblich keine „stark ausgeprägte Händigkeit" zeigen, sind äußerst gefährdet.
Durch das Schreiben- und Lesenlernen in der Schule werden die Störungen im Gehirn verfestigt und vertieft. Leistungsvergleiche mit Mitschülern lassen die Schwierigkeiten erst richtig deutlich werden. Rückkoppelung des Versagens an Ängste vor neuem Versagen verschlimmert alles noch weiter. Dabei sind besonders Blockierungen, wie „Den-Faden-Verlieren" oder „Sich-nicht-Erinnernkönnen", typisch.
Oft kann das Kind zu Hause alles ganz genau; in der Schule aber, wenn es sich gemeldet hat und aufgerufen wurde, kann es das Gelernte und Gewusste plötzlich nicht mehr vorbringen. Eine weitere Schwachstelle sind die so genannten Flüchtigkeitsfehler, die für den umgeschulten Linkshänder typisch sind. Das Kind schreibt z. B. das gleiche Wort auf einer Seite einmal richtig und zweimal falsch. Lehrer und Eltern sind erzürnt und verzweifelt. Das Kind ist tief deprimiert, da die Qual und Plackerei oft jeden Spaß und jede Freude an der Schule und am Lernen für viele Jahre verdirbt.

Tadel hilft wenig

Dieses Fehlverhalten wirkt manchmal so, als sei bei den Umgeschulten die Verbindung von Gehirn und Ausführungsorgan (Hand und Mund) gestört, als wirke dort ein „Wackelkontakt", der manchmal den richtigen Befehl und manchmal den falschen Befehl weitergibt. So kommt es zu Flüchtigkeitsfehlern, Verdrehungen von Buchstaben und ganzen Wörtern, Versprechern und manchmal auch zu motorischen Schwierigkeiten. Es hilft dann wenig, das Kind zu tadeln oder durch noch größere Belastungen weiter zu ermüden, denn der Umgeschulte setzt sowieso andauernd ein Vielfaches an Kräften und Anstrengungen ein. Wenn er etwas Erfolg haben will, muss er sich als Merkhilfen oft komplizierte „Eselsbrücken" bauen, sich überanstrengen, um mit seinen Mitschülern vergleichbare Leistungen zu liefern.
Für das umgeschulte Kind und oft auch für seine Eltern ist besonders irritierend, dass Denk-

prozesse und Intelligenz an sich nicht gestört sind, dass aber das Erinnerungsvermögen und die entsprechende Wiedergabe von Gedanken nicht funktionieren. So geben gerade Umgeschulte ein sehr zwiespältiges Erscheinungsbild ab: Auf der einen Seite zeigen sie schlechte mündliche und schriftliche Leistungen und äußern sich eher wenig und unpräzise, auf der anderen Seite überraschen sie wieder durch ihre plötzlichen und unerwartet guten Leistungen, z. B. bei Klassenarbeiten oder im Mündlichen. So stellen sie die Lehrkraft vor Rätsel, wie sie die Leistung gerecht beurteilen kann. Sie führt dann oft die dazu im Kontrast stehenden Minderleistungen auf „Faulheit" zurück – eine moralische Besetzung, die dann zu weiteren negativen Persönlichkeitsentwicklungen führt (Rückzugs- und Ausstiegstendenzen, Verweigerung, „Faulenzen", Lügen usw.).
Für die Persönlichkeitsentwicklung des umgeschulten Kindes ist das Vertrauen der Eltern und Lehrer in seine Fähigkeiten genauso wichtig wie Essen und Trinken für den Körper. Umgeschulte Linkshänder sind, wie kaum eine andere Gruppe, abhängig von positiver Verstärkung, von genügend Erholung und einem ausgeglichenen Lebensrhythmus.
Eltern fühlen sich manchmal hilflos, wenn sie entdecken, dass ihr Kind linkshändig ist. Sie wissen nicht, wo sie Informationen oder Unterstützung bekommen können, und sind oft ratlos gegenüber den verschiedensten Meinungen, die über Linkshändigkeit und die Behandlung des Kindes verbreitet werden.
Schon die Fähigkeit, Spiegelschrift zu schreiben, Buchstaben bedenkenlos umzukehren und in der „falschen" Ecke des Blattes zu beginnen, irritiert sie äußerst – dabei ist es eine besondere Eigenschaft der Linkshänder, mit Leichtigkeit Buchstaben umdrehen zu können, eine Fähigkeit, die mit einer anderen Wahrnehmung zu tun hat. Auch über die angeblich unüberwindbaren Schwierigkeiten beim Schreiben und Basteln (wegen Haltung, Schreibgerät und Handwerkszeug) fehlt es an Informationen; es gibt Spezialläden, die Füller und Scheren für Linkshänder führen. Die lockere Schreibhaltung kann das Kind lernen.
Oft wird auch die Frage nach Möglichkeiten und Chancen einer Rückschulung bei bereits mit der rechten Hand schreibenden linkshändigen Kindern gestellt, wenn massive Schwierigkeiten in den ersten Schuljahren aufgetreten sind.
In München arbeitet die **Erste deutsche Beratungs- und Informationsstelle für Linkshänder und umgeschulte Linkshänder** seit 1985. Dort werden Beratungen und Testuntersuchungen der Händigkeit durchgeführt und Kontakte zu spezialisierten Fachleuten an anderen Orten vermittelt. Kindergruppen zum Einüben einer lockeren Schreibhaltung und zum Handarbeiten mit der linken Hand ergänzen das Angebot.

Beratung ist wichtig

Aufklärung und Beratung sind sehr wichtig, denn je älter das Kind ist, desto schwieriger wird eine Rückschulung. In den höheren Klassen werden immer größere Leistungsanforderungen gestellt (eine schnelle, flüssige und leserliche Handschrift) und die ungeübte linke Hand schreibt meist in einer Schrift, die an Schnelligkeit und Ausdruck etwa der eines Zweitklässlers entspricht. Auf der anderen Seite haben sich Ängste und Fehlverhalten oft schon so tief eingeprägt, dass ein Rückschulungsprozess sehr schwierig ist. Therapeutische Interventionen sind aber auch in diesem Alter wichtig, um die eventuell massiven Folgen der Umschulung psychisch zu verarbeiten und um eine neurotische Umsetzung mit oft gravierenden Persönlichkeitsschäden zu verhindern.

In den ersten Schuljahren dagegen, dies bestätigen auch Fachpädagogen, besteht noch eine Möglichkeit, mit Einfühlung und psychotherapeutischer Erfahrung diese Rückschulung vorzunehmen. So ein Eingriff sollte aber möglichst unter therapeutischer Begleitung durchgeführt werden und von allen Seiten erwünscht und akzeptiert sein. Mit dem Kind sollten Lockerungs- und Nachspurübungen gemacht und therapeutische Gespräche geführt werden, die ihm helfen, eine entspannte Haltung beim Schreiben zu finden und eine positive Einstellung zu seiner ursprünglichen Händigkeit und der Rückschulung zu gewinnen.
Die Zahl der spezialisierten Fachleute, die diese Rückschulung fachlich vornehmen können ist allerdings nicht sehr groß. Informationen gibt die **Erste deutsche Beratungs- und Informationsstelle für Linkshänder und umgeschulte Linkshänder**, Sendlinger Str. 17, 80331 München, Tel. (0 89) 26 86 14, www.lefthander-consulting.org.
Oft ist es aber sinnvoller, die Zusammenhänge zwischen einer Umschulung der Händigkeit und den schulischen Folgen zu begreifen und dem Kind Verständnis entgegenzubringen und Hilfestellungen zu geben. So wird zumindest der gesellschaftlich aussondernde Prozess etwas abgeschwächt, der den Umgeschulten von Anfang an durch die hohen Anforderungen, gerade auf den Gebieten, auf denen das Kind durch die Umschulung besonders behindert ist, massiv trifft. Nur so kann die Ungerechtigkeit und die immense Mühe, mit der mancher Umgeschulte dann oft auf dem Zweiten Bildungsweg an Zeugnissen und Bildungsabschlüssen nachholt, was seiner eigentlichen Intelligenz entspricht, gemildert werden. Auf diese Weise können auch Persönlichkeitsdeformationen verhindert werden, die sich aufgrund der von außen zugefügten, aber nicht genau bestimmbaren Ungerechtigkeit aufbauen.

Wichtige Adressen für Eltern linkshändiger Kinder

Laden- und Versandhandelsgeschäfte für Linkshandprodukte

Eine Zusammenstellung findet sich in folgenden Büchern:

Das linkshändige Kind in der Grundschule. Herausgeber: ISB – Staatsinstitut für Schulpädagogik und Bildungsforschung, München 1993, Vertrieb Auer Verlag Donauwörth, 10. Aufl. 2001

Sattler, Johanna Barbara, Übungen für Linkshänder. Schreiben und Hantieren mit links.
Auer Verlag Donauwörth, 1996, 6. Aufl. 2002

Meyer, Rolf W., Linkshändig. Ein Ratgeber. Humboldt-Taschenbuchverlag Nr. 669, München 1991, 3. Aufl. 1997

Im Internet: www.lefthander-consulting.org/deutsch/laeden.htm

Erste deutsche Beratungs- und Informationsstelle
für Linkshänder und umgeschulte Linkshänder
Sendlinger Str. 17, D-80331 München, Tel. 089/268614
www.lefthander-consulting.org   info@lefthander-consulting.org

In der Beratungsstelle in München werden Hinweise auf **spezialisierte Fachleute für Fragen zur Linkshändigkeit** in einzelnen Bundesländern gegeben.

Literaturhinweise zu Hilfestellungen für linkshändige Kinder und zu deren besserem Verständnis

Allgemeines:

Das linkshändige Kind in der Grundschule. Herausgeber: ISB – Staatsinstitut für Schulpädagogik und Bildungsforschung, München 1993, Vertrieb Auer Verlag Donauwörth, 11. Aufl. 2003

Sattler, Johanna Barbara, Übungen für Linkshänder. Schreiben und Hantieren mit links. Auer Verlag Donauwörth, 1996, 7. Aufl. 2003

Sattler, Johanna Barbara, Übungsheft für Linkshänder, Auer Verlag Donauwörth, 1997, 7. Aufl. 2004

Sattler, Johanna Barbara, Die Psyche des linkshändigen Kindes. Von der Seele, die mit Tieren spricht. Auer Verlag Donauwörth, 1998, 4. Auflage 2003

Meyer, Rolf W., Linkshändig? Humboldt Verlag Baden-Baden, 1991, 7. Aufl. 2003

Weber, Sylvia, Linkshändige Kinder richtig fördern. Mit vielen praktischen Tipps. Ernst Reinhardt Verlag München 2003

www.lefthander-consulting.org

Schreibtisch-Auflage und Schreibunterlagen-Block für Linkshänder:

Sattler, Johanna Barbara, Schreibunterlagen-Block für Linkshänder. (An der Unterkante geleimter Block mit 20 DIN-A2-Blättern). Auer Verlag Donauwörth, ISBN-Nr. 3-403-02926-3

Sattler, Johanna Barbara, Schreibtisch-Auflage für Linkshänder. (Aus rutschfestem Kunststoff, in der Größe für den Schultisch und im Kindergarten geeignet, in den Farben Rot, Blau, Grün und Schwarz) Auer Verlag, Donauwörth, ISBN-Nr. 3-403-04091-7

Umgeschulte Linkshänder:

Sattler, Johanna Barbara, Der umgeschulte Linkshänder oder Der Knoten im Gehirn Auer Verlag Donauwörth, 1995, 8. Aufl. 2004

Textilarbeiten und Werken:

„Das linkshändige Kind im Handarbeits- und Werkunterricht" und „Häkel-, Strick- und Stickanleitung für Linkshänder". In: Das linkshändige Kind in der Grundschule. Herausgeber: ISB – Staatsinstitut für Schulpädagogik und Bildungsforschung, München 1993, Vertrieb Auer Verlag Donauwörth, 11. Aufl. 2003, S. 53–58 und S. 99–109

Szocska, Sarah, Stricken leicht gemacht für Linkshänder. sinErgo, Versand für Linkshänder, www.sinergo.com, Wasserburger Landstr. 167/a, 81827 München

Musik:

„Hinweise zum Musikunterricht". In: Das linkshändige Kind in der Grundschule. Herausgeber: ISB – Staatsinstitut für Schulpädagogik und Bildungsforschung, München 1993, Vertrieb Auer Verlag Donauwörth, 11. Aufl. 2003, S. 59–65

Sport:

„Das linkshändige Kind im Turnunterricht und bei Bewegungsspielen". In: Das linkshändige Kind in der Grundschule. Herausgeber: ISB – Staatsinstitut für Schulpädagogik und Bildungsforschung, München 1993, Vertrieb Auer Verlag Donauwörth, 11. Aufl. 2003, S. 65–67

Vorlagen
zur Herstellung von Folien

Beispiele für Spiegelschrift. Aus: Sattler, J. B., Das linkshändige Kind in der Grundschule, S. 9 und 41

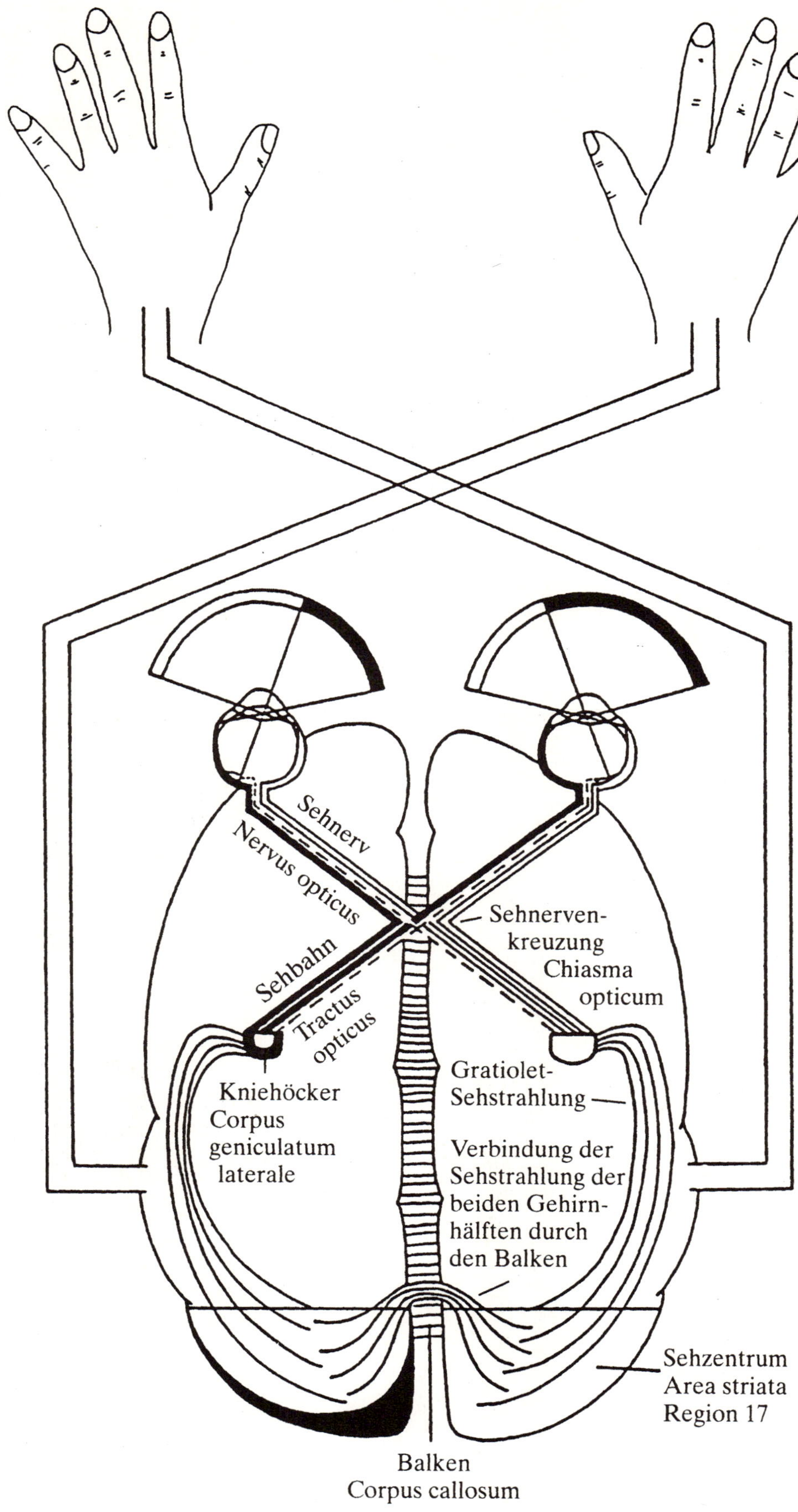

Überkreuzte Verbindung der Gehirnhälften mit der jeweils gegenüberliegenden Hand und Teilüberkreuzung der Sehnerven. Aus: Sattler, J. B., Der umgeschulte Linkshänder oder Der Knoten im Gehirn, S. 26

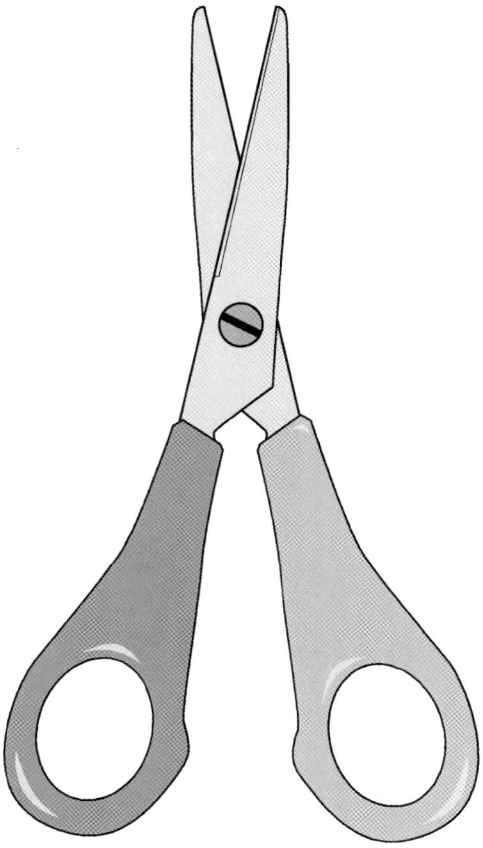

Schere für Linkshänder

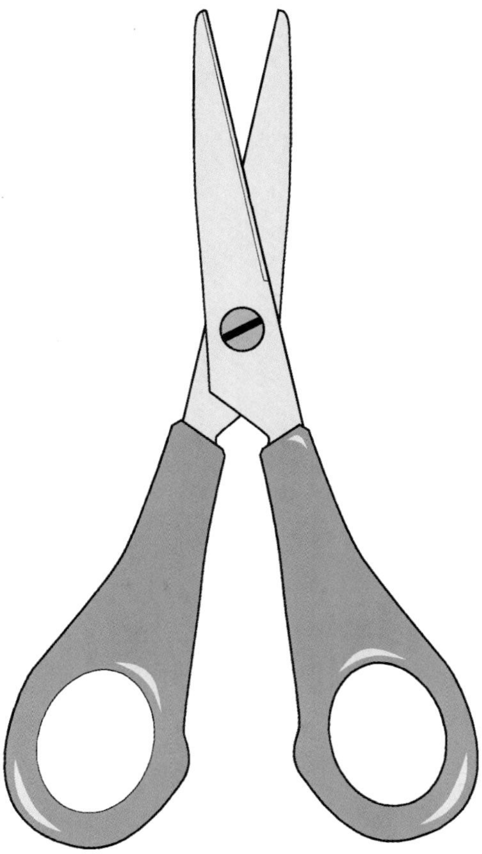

Schere für Rechtshänder

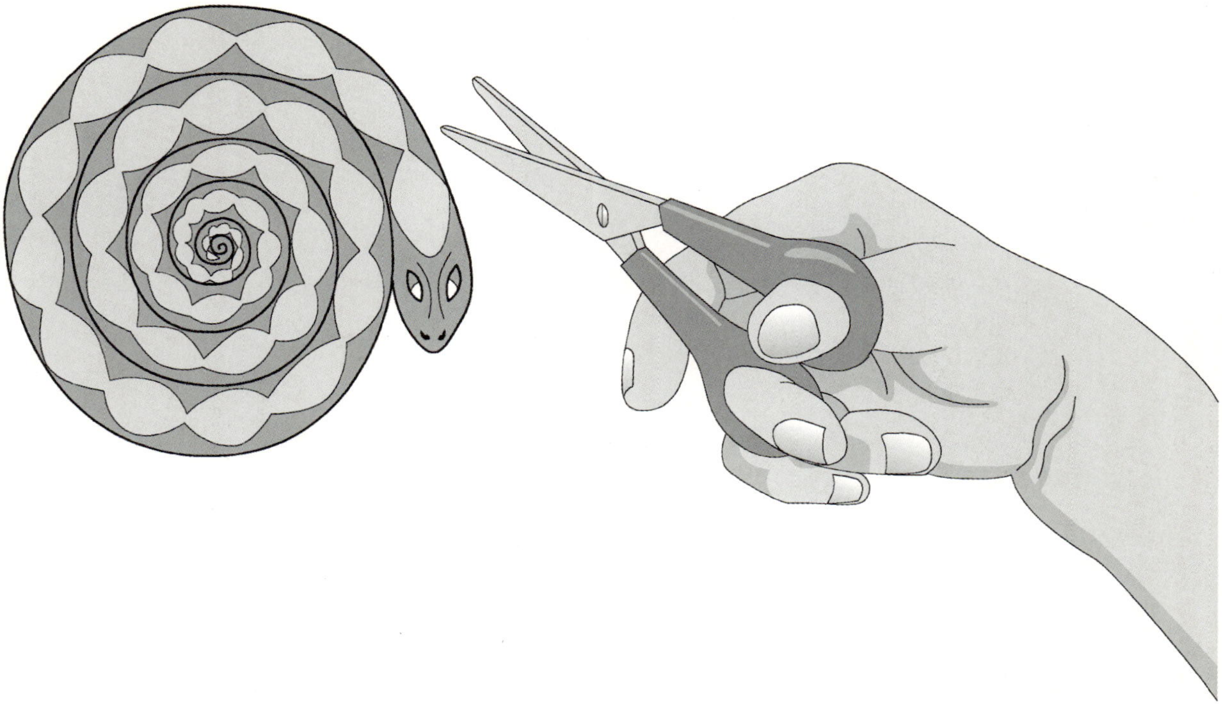

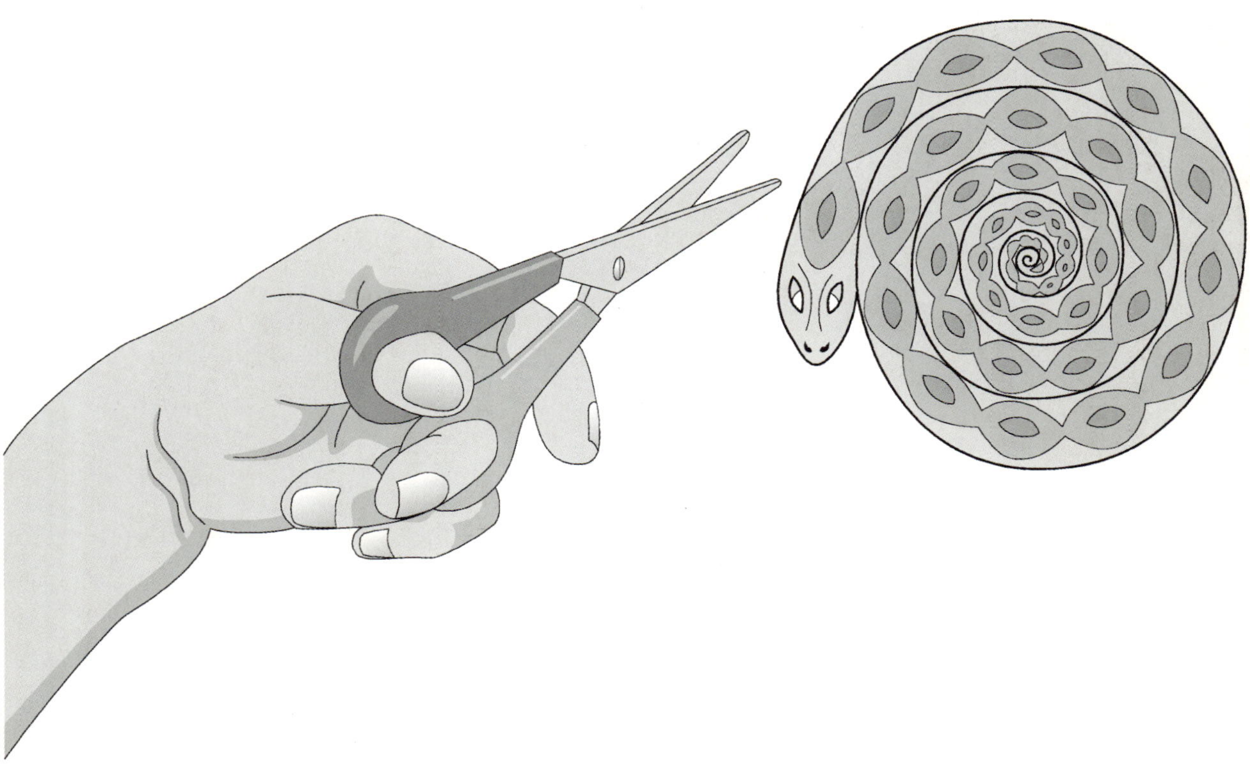

Haltung der Schere in der linken und der rechten Hand und Ansatzpunkte zum Schneiden einer Spirale. Haltung des Zeigefingers unter der Schere, um dieser mehr Stabilität zu geben.

Lockere Hand- und Stifthaltung beim Schreiben mit der linken Hand. Ansicht vom Schreibenden aus

Lockere Hand- und Stifthaltung beim Schreiben mit der linken Hand. Ansicht von gegenüber

Verkrampfte Schreibhand in der Hakenhaltung „von oben“. In dieser Haltung kippen viele Linkshänder das Blatt nach links, um dem Abknicken des Handgelenks und den Verkrampfungen in Hand und Arm bis hin zum Schulterbereich entgegenzuwirken.

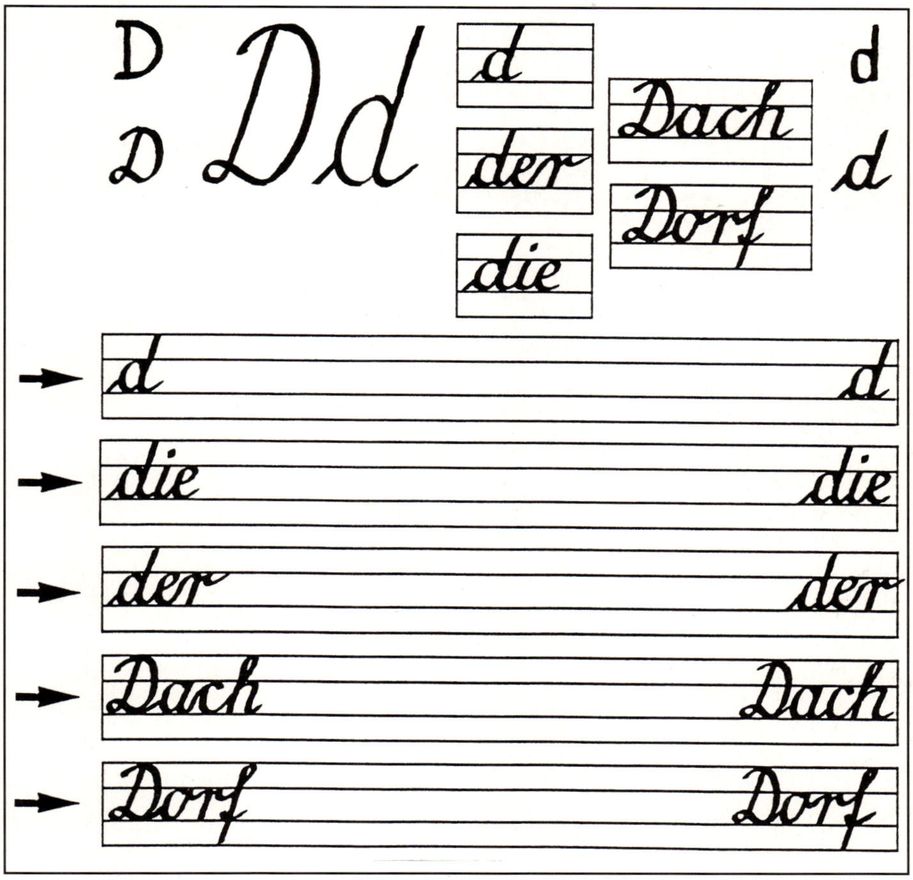

Schreibübungsblatt mit Wiederholung von Buchstaben und Wörtern am rechten Zeilenrand sowie mit Markierungen des Zeilenbeginns, wodurch Linkshänder nicht in eine verkrampfte Schreibhaltung gezwungen werden. Aus: Sattler, J. B., Das linkshändige Kind in der Grundschule, S. 50

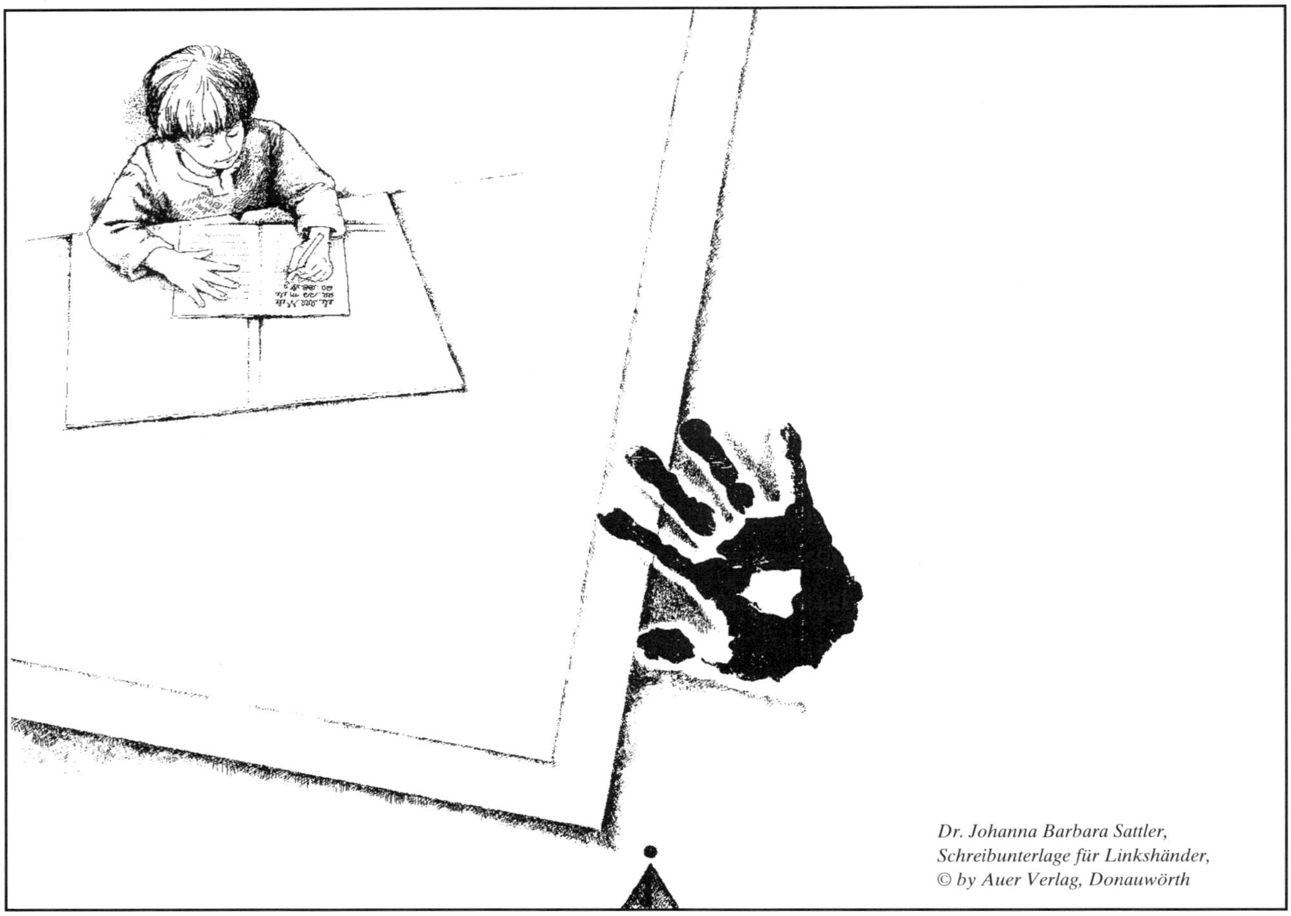

Schreibunterlage für Linkshänder. Aus: Sattler, J. B., Übungen für Linkshänder, S. 16/17

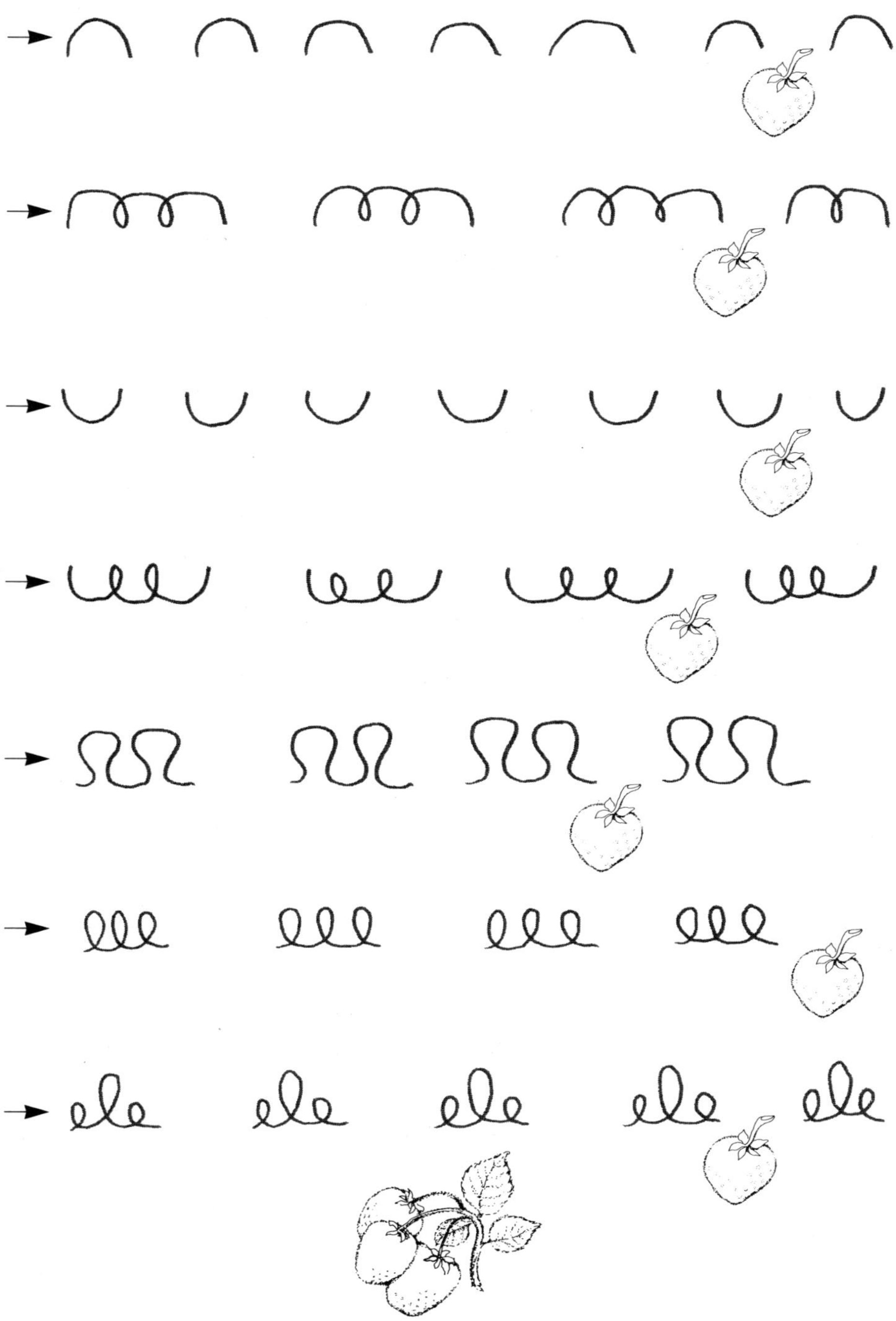

Nachspurübungen zum Erlernen einer lockeren Schreibhaltung. Die Früchte sollen ausgemalt werden, sozusagen als Belohnung; sie beziehen sich auf die Geschichte vom linkshändigen Aljoscha. Dieses Schraffieren beim Ausmalen übt eine weitere Fingerbeweglichkeit ein. Aus: Sattler, J. B., Übungen für Linkshänder, S. 92 und S. 45 ff.

Linkshändig schreibendes Kind mit lockerer Schreibhaltung. Ausschnitt aus der Schreibunterlage für Linkshänder. Aus: Sattler, J. B., Übungen für Linkshänder, S. 16/17

Beispiele für Richtungspfeile bei Buchstaben in Druck- und Schreibschrift (Vereinfachte Ausgangsschrift). Beispiele aus: Schreiblernheft von LANDRÉ, 2000

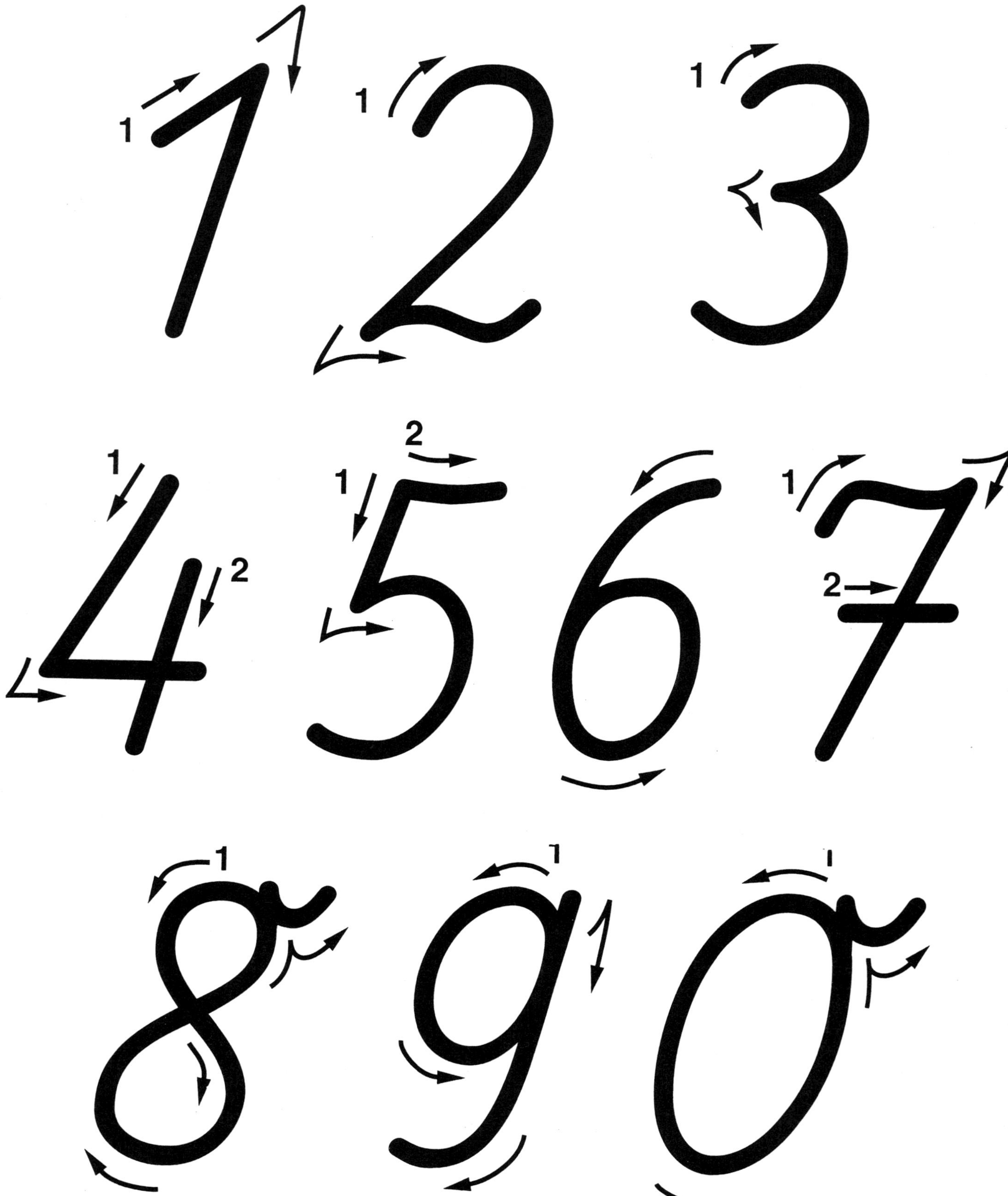

Richtungspfeile bei Zahlen. Beispiele aus einem Zahlenlernheft von LANDRÉ, 1999

Sinnvolle Gebrauchsgegenstände für das linkshändige Kind (Grundausstattung)

Sinnvolle Gebrauchsgegenstände für das linkshändige Kind in der Schule sind:

- Schere für Linkshänder, wenn das Kind eine Linkshänderschere benutzt
- Spitzer für Linkshänder (gibt es auch mit Döschen)
- Schreibtisch-Auflage aus Kunststoff für Linkshänder zum Einprägen einer lockeren Schreibhaltung (Auer Verlag, ISBN 3-403-04091-7)
- eventuell ein Lineal für Linkshänder, auf dem die Zahlen von der anderen Seite aus zählen. Bei Kindern, die zum Verdrehen von Buchstaben und Zahlen neigen, sollte man jedoch eher zurückhaltend sein, um das Kind nicht zu verwirren.
- Kollegblock für Linkshänder mit Ringspirale auf der rechten Seite und Lochung auf der linken (für ältere Schüler)

Sinnvolle Gebrauchsgegenstände für das linkshändige Kind zu Hause sind:

- Schreibunterlagen-Block aus Papier für Linkshänder zum Einprägen einer lockeren Schreibhaltung (Auer Verlag, ISBN 3-403-02926-3)
- Kartoffel- bzw. Gemüseschäler
- Taschenmesser
- Dosenöffner
- Brotmesser für ältere Kinder

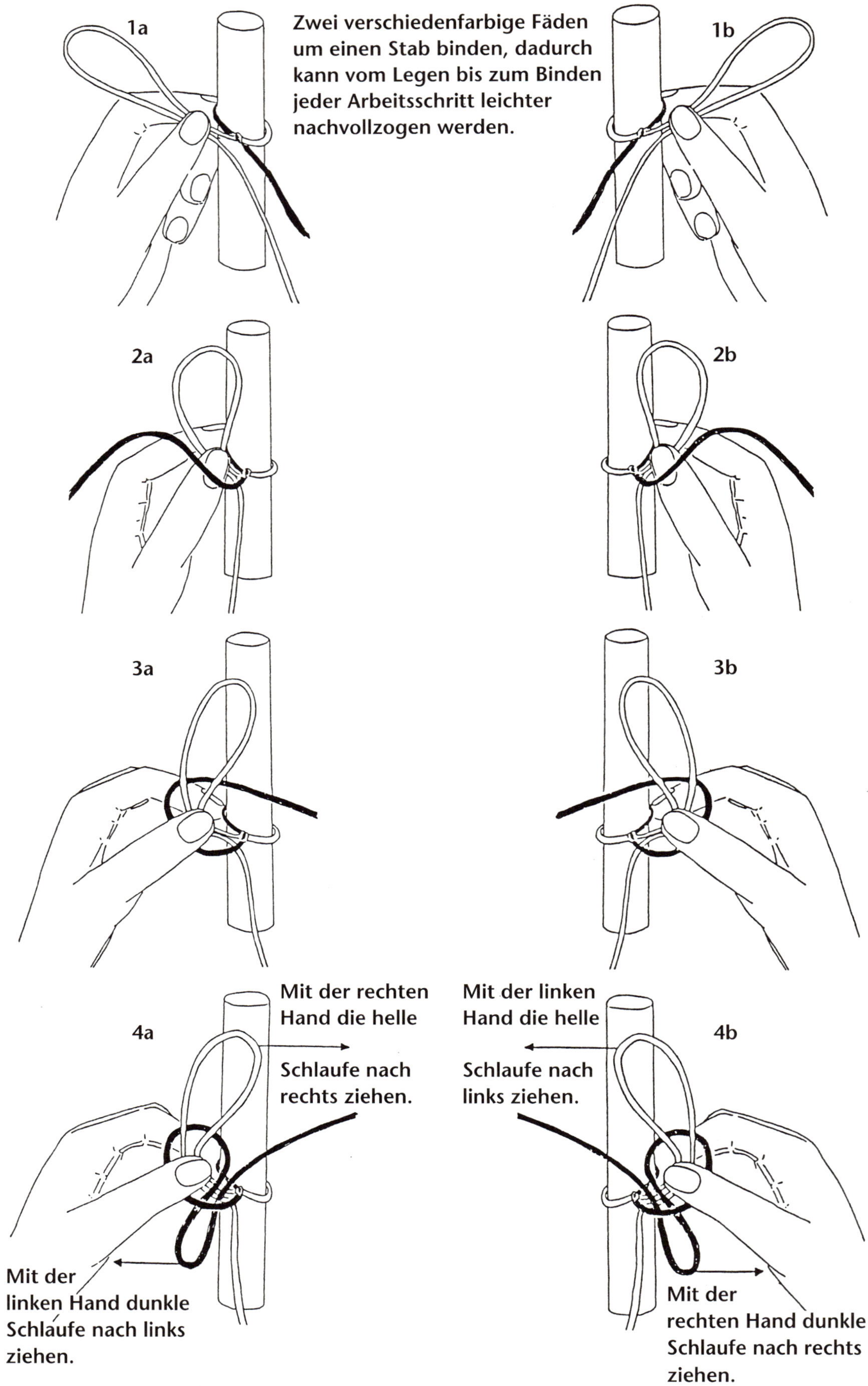

Schleifebinden für Rechts- und Linkshänder. Aus: Sattler, J. B., Das linkshändige Kind in der Grundschule, S. 56

Liste der Vorlagen zur Herstellung von Folien

Folie Seite 40: Beispiele für Spiegelschrift. Aus: Sattler, J. B., Das linkshändige Kind in der Grundschule, S. 9 und 41

Folie Seite 41: Überkreuzte Verbindung der Gehirnhälften mit der jeweils gegenüberliegenden Hand und Teilüberkreuzung der Sehnerven. Aus: Sattler, J. B., Der umgeschulte Linkshänder oder Der Knoten im Gehirn, S. 26

Folie Seite 42: Linkshänderschere und Rechtshänderschere, Zeichnung Angelika Brauner

Folie Seite 43: Haltung der Schere in der linken und der rechten Hand und Ansatzpunkte zum Schneiden einer Spirale. Haltung des Zeigefingers unter der Schere, um dieser mehr Stabilität zu geben. Zeichnung Angelika Brauner analog der Zeichnung in: Sattler, J. B., Das linkshändige Kind in der Grundschule, S. 54

Folie Seite 44: Lockere Hand- und Stifthaltung beim Schreiben mit der linken Hand. Ansicht vom Schreibenden aus. Zeichnung Angelika Brauner

Folie Seite 45: Lockere Hand- und Stifthaltung beim Schreiben mit der linken Hand. Ansicht von gegenüber. Zeichnung Angelika Brauner

Folie Seite 46: Folie: Verkrampfte Schreibhand in der Hakenhaltung „von oben". In dieser Haltung kippen viele Linkshänder das Blatt nach links, um dem Abknicken des Handgelenks und den Verkrampfungen in Hand und Arm bis hin zum Schulterbereich entgegen zu wirken. Zeichnung Angelika Brauner

Folie Seite 47: Schreibübungsblatt mit Wiederholung von Buchstaben und Wörtern am rechten Zeilenrand sowie mit Markierungen des Zeilenbeginns, wodurch Linkshänder nicht in eine verkrampfte Schreibhaltung gezwungen werden. Aus: Sattler, J. B., Das linkshändige Kind in der Grundschule, S. 50

Folie Seite 48: Schreibunterlage für Linkshänder. Aus: Sattler, J. B., Übungen für Linkshänder, S. 16/17

Folie Seite 49: Nachspurübungen zum Erlernen einer lockeren Schreibhaltung. Die Früchte sollen ausgemalt werden, sozusagen als Belohnung; sie beziehen sich auf die Geschichte vom linkshändigen Aljoscha. Dieses Schraffieren beim Ausmalen übt eine weitere Fingerbeweglichkeit ein. Aus: Sattler, J. B., Übungen für Linkshänder, S. 92 und S. 45 ff.

Folie Seite 50: Linkshändig schreibendes Kind mit lockerer Schreibhaltung. Ausschnitt aus der Schreibunterlage für Linkshänder. Aus: Sattler, J. B., Übungen für Linkshänder, S. 16/17

Folie Seite 51: Beispiele für Richtungspfeile bei Buchstaben in Druck- und Schreibschrift (Vereinfachte Ausgangsschrift). Aus: Schreiblernheft von LANDRÉ, 2000

Folie Seite 52: Richtungspfeile bei Zahlen. Aus: Zahlenlernheft von LANDRÉ, 1999

Folie Seite 53: Sinnvolle Gebrauchsgegenstände für das linkshändige Kind in der Schule und zu Hause (Grundausstattung)

Folie Seite 54: Schleifebinden für Rechts- und Linkshänder. Aus: Sattler, J. B., Das linkshändige Kind in der Grundschule, S. 56

Anhang

Glossar
Begriffs- und Sacherläuterungen

Beidhänder und wechselnder Handgebrauch

Der Begriff **Beidhändigkeit** wird oft nicht präzise definiert. Manchmal wird der bevorzugte Gebrauch einer Hand zu bestimmten Tätigkeiten und der der anderen Hand zu anderen für eine Beidhändigkeit gehalten. Dabei wird übersehen, dass sogenannte „Beidhänder" meist nicht mit beiden Händen gleich geschickt für die gleichen Tätigkeiten sind, sondern dass sie sich durch verschiedenste Einflüsse auf bestimmte Tätigkeiten mit der einen oder anderen Hand eingeübt bzw. spezialisiert haben (Sattler 1995, 249). Häufig handelt es sich um umgeschulte Linkshänder, die für bestimmte Sachen – besonders erlernte Kulturtechniken, wie z. B. das Schreiben, Malen und Essen – die rechte Hand benutzen, andere, spontane von der Erziehung und vom Modell- und Nachahmungsverhalten nicht so beeinflusste Handlungen jedoch mit der dominanten linken Hand durchführen.
Eine aus England kommende Bewegung wirkte sich im deutschsprachigen Raum in einer Idealisierung der Beidhändigkeit aus. Jackson, der 1905 die Gesellschaft zur Pflege der Beidhändigkeit („Ambidextral Cultural Society") gründete, setzt sich sogar für ein gleichzeitiges Schreiben mit beiden Händen ein (Clark 1957, 80). Schulkindern wurde sowohl in England als auch in Deutschland gelegentlich beidhändiges Schreiben beizubringen versucht. Obgleich diese Schulversuche wegen mangelnden Erfolges nicht lange andauerten, wurde Beidhändigkeit in Deutschland weiter für ein erstrebenswertes Erziehungsziel gehalten (Kramer 1961, 29 ff.). In England hingegen überlebte diese Bewegung nicht lange (Clark 1957, 80).
Die Art der Beidhändigkeit hingegen, die von einem manchmal permanent wechselnden Handgebrauch bei gleicher Tätigkeit gekennzeichnet ist, fällt bei Kindern mit feinmotorischen Schwierigkeiten auf. Es handelt sich nicht um eine Stärke sondern um eine dem neuropathologischen Bereich zuzuordnende Problematik (Sattler 1993 a; Sattler 1995; Sattler 2001 b; Sattler 2002).
Insgesamt kann festgestellt werden, dass Beidhändigkeit kein erstrebenswertes Erziehungsziel ist und die eindeutige Links- oder Rechtshändigkeit Anzeichen für unbeeinträchtigte neuronale Abläufe im Gehirn zu sein scheinen.

Füller für Linkshänder, s. a. Schreibgerät für Linkshänder

Anfängerfüller für Linkshänder gibt es inzwischen in den meisten guten Schreibwarenläden. Ein ständig aktualisiertes Verzeichnis von Bezugsquellen für Linkshandprodukte findet sich in den Büchern „Das linkshändige Kind in der Grundschule" und „Übungen für Linkshänder" (Sattler 1993 b; Sattler 1996 a). Regelmäßig aktualisiert werden auch die Listen im Internet www.lefthander-consulting.org/deutsch/laeden.htm und www.linkshaenderseite.de/geschaef.html.

Bei linkshändig schreibenden Kindern in stark abgeknickter Hakenhaltung „von oben" (siehe Vorlage für Folie S. 46) kann der Gebrauch von **Tintenrollern** sehr entlastend sein. Auf der einen Seite muss sich das Kind nicht noch mit dem Versuch die Feder so zu führen, dass sie in dieser Haltung überhaupt schreibt, auseinandersetzen. Auf der anderen Seite trocknen die Tinten meist etwas schneller und die Gefahr des Verwischens ist nicht so groß. Tintenroller, die hier in Frage kommen, gibt es von den Anbietern Schneider, Core, Senator und Lamy.

Ein neuartiger Tintenstift ermöglicht, das Vorderteil mit der Schreibmine in verschiedene Positionen abzuwinkeln und so das Schreibgerät an die individuelle Haltung anzupassen: Qlever von Senator (zu beziehen bei www.lafueliki.de).

Für manche linkshändige Kinder mit einer problematischen Schreibhaltung ist der Kugelschreiber eine Erlösung.

Interessant ist auch ein Kugelschreiber mit einem kreisförmigen Loch, durch das der Zeige- oder Mittelfinger geschoben wird. In das vordere Stiftende ist eine Mine eingearbeitet. Der **Ring-pen** genannte Stift wird dann mit zwei bis drei Schreibfingern geführt. Dieser Stift kann manchmal auch rechtshändigen Schreibern helfen, eine sehr verkrampfte Stifthaltung durch eine völlig andere Art des Haltens des Schreibgeräts, zu korrigieren (zu beziehen bei www.lafueliki.de).

Zu Schulbeginn ist das **Kalligrafieren** noch kein Thema. In höheren Jahrgangsstufen jedoch wird in Textilarbeit, im Werken oder im Zeichenunterricht manchmal auf die kalligrafische Ausgestaltung der Schrift Wert gelegt. Dies kann für Linkshänder mit einer ungünstigen Blattlage und Stifthaltung zu einer großen, kaum zu bewältigenden Anforderung werden. Der obligatorisch schräge Federanschliff für Linkshänder hilft hier wenig weiter. Eine entsprechende Haltung von Kalligrafiefeder und Blattlage sind nicht zu umgehen (Sattler 1996 a, 62 ff.). Wenn diese den eingeübten sehr entgegengesetzt sind, kann eine kalligrafische Arbeit bei einem Linkshänder im Vergleich mit einem rechtshändigen Schreiber ein vielfaches an Zeit in Anspruch nehmen.

Weitere Hinweise zu Füllern sind in dem Buch „Übungen für Linkshänder. Schreiben und Hantieren mit links" zu finden (Sattler 1996 a, 33 ff.). Dort wird besonders auf die Unterschiede zwischen den Füllern der verschiedenen Anbieter eingegangen.

Gehirnabläufe und Händigkeit

In der zweiten Hälfte des letzten Jahrhunderts kam es zu einem immensen Wissenszuwachs über die unterschiedlichen Funktionsweisen der beiden Großhirnhälften (Hemisphären). Diese, auch mit dem Begriff Lateralisation bezeichnete Spezialisierung der beiden Gehirnhemisphären auf bestimmte Funktionen, beschäftigt die Wissenschaft bis heute (Sattler 2000 a, 113 ff.). Grundlegend unterscheiden sich die Hemisphären in ihrer Art zu verarbeiten. Während die linke Gehirnhälfte mehr analytisch, logisch-sprachlich, linear, d. h. aufeinander folgend verarbeitet, ist die rechte Hemisphäre mehr auf das synthetische, ganzheitliche Denken spezialisiert, welches beziehungsreich und gleichzeitig operiert (Sattler 2000 a, 115).

Händigkeit hingegen ist Ausdruck der motorischen Dominanz der gegenüberliegenden Gehirnhälfte, insbesondere der funktionalen Aktivierung des kontralateralen primär-motorischen Kortex.

Durch die großen Fortschritte in der Gehirnforschung und die rasante Weiterentwicklung neuer Techniken, mit denen Gehirnabläufe und Hemisphärenspezialisationen untersucht werden können, ist in Zukunft ein weit genaueres und umfangreicheres Wissen darüber zu erwarten, wie diese Gehirnhemisphärenlateralisation und Händigkeit in Beziehung zueinander stehen. Die Richtigkeit dieser Forschungsergebnisse wird allerdings davon abhängen, welche Menschengruppen als Versuchspersonen herangezogen werden können. Problematisch werden Untersuchungsergebnisse von gehirnkranken Menschen sein.

Hand geben

In manchen Völkern wurde die linke Hand als die schmutzige, die unreine Hand betrachtet. Es gibt Gegenden, wo das bis heute der Fall ist.

Diese Herabsetzung der linken Hand hängt sehr stark mit der geschichtlichen Abwertung der linken Seite zusammen, die von den Griechen, besonders aus dem Pythagoreismus und aus radikal dualistischen Elementen des Zoroastrismus (benannt nach dem Gründer Zarathustra, Zoroaster) übernommen wurde. Es kam zu einem bewertenden Dualismus zwischen dem Guten und dem Bösen, dem viele andere Begriffe und Dinge entsprechend zugeordnet wurden, so auch das Rechts und das Links. Einen historischen Höhepunkt fand dieser Dualismus in dem Manichäismus (Sattler 2000 a, 58 ff.), der auf den Perser Mani (3. Jh. n. Chr.) zurückgeht. Seine Lehre war ein Konglomerat aus den Geistesrichtungen, die er zu seinen Lebzeiten vorfand, griechische Elemente (Pythagoreismus, Platonismus), Hellenismus, Hinduismus, persische (zarathustrische) und christliche Elemente. Der Manichäismus wurde zwar von den frühen Christen bekämpft, fand aber unterschwellig Eingang in die christliche Liturgie. So forderte der Kirchenvater Augustinus, dass Dinge, die das ewige Leben betreffen, mit der Rechten getan werden sollen, während die Linke das zu tun hat, was für das irdische Leben erforderlich ist (Sattler 2000 a, 61).

Es gibt Gegenden, in denen es bis heute als unhöflich gilt mit der linken Hand zu essen. Eine gelegentlich angeführte Erklärung begründet das mit der Sauberkeit: Bei unzureichenden Möglichkeiten sich die Hände regelmäßig zu waschen, seien der einen Hand schmutzige Tätigkeiten und der anderen saubere zugewiesen worden. Die Körperpflege bis zu der Reinigung von Ausscheidungen ist demnach mit der linken Hand durchzuführen, während mit der rechten Hand oft noch aus einer gemeinsamen Schüssel gegessen wird.

Wesentlich ist die Kenntnis, dass es noch heute Kulturkreise gibt, in denen die linke Hand als unrein herabgesetzt wird. Kindern aus Familien mit diesem kulturellen Hintergrund, sollte vermittelt werden, dass die Abwertung der linken Hand durch das familiäre Umfeld in guter Absicht geschieht. Es ist die einfühlsame Aufgabe des Pädagogen, diese Auffassung bei Eltern und Kindern zu korrigieren.

Legasthenie

Manche linkshändigen Kinder neigen zu Beginn des Schreibenlernens zum Spiegeln von Buchstaben und Zahlen. Das gibt sich meist spätestens im Laufe der ersten Klasse. Ein sicheres Zeichen für das Vorliegen einer Legasthenie, also einer Lese- und Rechtschreibschwierigkeit, ist das noch nicht.

Lese- und Rechtschreibschwierigkeit hängen nicht kausal mit einer Linkshändigkeit zusammen. Sie können aber vermehrt bei umgeschulten Linkshändern auftreten (Sattler 2000 b). Sowohl Linkshänder als auch umgeschulte Linkshänder nehmen manchmal Buchstaben und Wörter rechts vom Gelesenen vorweg wahr. Das hängt nicht unbedingt mit einer Lese- und Rechtschreibschwierigkeit zusammen sondern mit der Neigung vieler Linkshänder zu einer bevorzugten Richtungswahrnehmung von rechts nach links. Daher kann es beim Lesenlernen hilfreich sein, gerade die Wörter auf der rechten Seite z. B. mit einem Lesepfeil abzudecken. „Dazu wäre ein ‚Lesepfeil' hilfreich, der, anders als die heute angebotenen Lesehilfen, jene halb durchsichtigen Plastikschablonen, die das linke, bereits gelesene Wort abdecken, gerade umgekehrt die rechts sich befindenden Worte verdeckt" (Sattler 2000 b, 201).

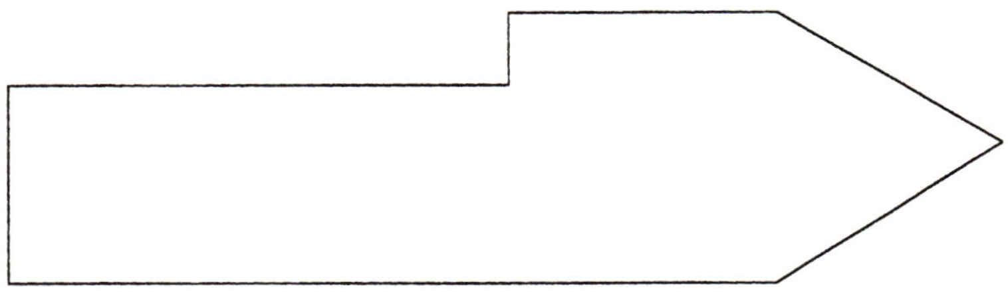

Dieser Lesepfeil wurde bearbeitet und diskutiert im Arbeitskreis zu Problemen der Linkshändigkeit in der Ersten deutschen Beratungs- und Informationsstelle für Linkshänder und umgeschulte Linkshänder (zu beziehen bei www.lafueliki.de).

Lehrpläne und Linkshändigkeit

Die Aussagen zur Linkshändigkeit in den deutschen Lehrplänen für Grundschulen sind unterschiedlich. Auf der einen Seite gelten in manchen Bundesländern Rahmenlehrpläne, in denen nicht ausführlich auf Linkshändigkeit eingegangen wird. Auf der anderen Seite finden sich aber in einigen anderen Lehrplänen noch Empfehlungen aus der Vergangenheit, als die Umschulung von linkshändigen Kindern noch die Regel war.
Die Zusammenstellung der Hinweise in den Lehrplänen der einzelnen Bundesländer in Deutschland zur Behandlung linkshändiger Kinder beim Erstschreiben in dem Buch „Der umgeschulte Linkshänder" (Sattler 1995, 8. Aufl. 2004, 359 ff.) wird bei Neuauflagen aktualisiert. Die meisten Änderungen finden sich in der seit 2001 eingeführten Neufassung des Lehrplans für die Grundschulen in Bayern. Dort wird eine Umschulung der Händigkeit ausdrücklich untersagt und darauf hingewiesen, dass „Linkshänder … nicht zum bevorzugten Gebrauch ihrer nicht dominanten Hand angehalten werden" dürfen. „Die angeborene Händigkeit darf nicht umgeschult werden" (D 1/2.2, S. 78). Eine Zusammenstellung der weiteren, sehr umfassenden Hinweise zum Umgang mit Linkshändern findet man im Internet unter www.lefthander-consulting.org/deutsch/lehrplanbayern.htm. Ausführliche Überlegungen sind in dem extra Kapitel zur Linkshändigkeit in dem „Lehrplankommentar für die bayerische Grundschule" zu finden (Sattler 2001 a, 279–284).

Psychische Eigenschaften bei Linkshändern und bei Rechtshändern

Sehr ausführlich beschäftigt sich das Buch „Die Psyche des linkshändigen Kindes. Von der Seele, die mit Tieren spricht" (Sattler 1998 a) mit der Frage, ob Linkshändern und Rechtshändern verschiedene psychische Eigenschaften zuzuordnen sind und eine unterschiedliche

Tendenz und Neigung ihrer Art und Weise, wie sie denken und handeln. Händigkeit kann aber nicht zu einer neuen Typologie der menschlichen Persönlichkeitsstruktur werden sondern nur zu einer Ergänzung.
So erscheint es nicht möglich, die Art von Linkshändern zu denken einfach mit rechtshemisphärischem und von Rechtshändern mit linkshemisphärischem Verarbeiten pauschal gleichzusetzen.

Richtungsvorgaben bei der Ausführung von Buchstaben und Zahlen, s. a. Spiegelschrift

Linkshändige Kinder neigen dazu, Buchstaben und Zahlen nicht entsprechend der Richtungsvorgaben von links nach rechts auszuführen. Sie beginnen Buchstaben sozusagen „von hinten", also von rechts und enden links. Sie müssen dann mit dem Schreibgerät wieder zurück nach rechts umsetzen, damit sie weiter schreiben können. Eine verbundene Schrift (Schreibschrift) wird dadurch praktisch unmöglich ohne andauernd abzusetzen. Manche linkshändige Kinder umgehen diese Schwierigkeiten, indem sie Druckbuchstaben schreiben. Allerdings müssen sie trotzdem andauernd vor und zurücksetzen, verlieren Zeit und erlernen keinen regelmäßigen Schreibfluss. Auch die Vereinfachte Ausgangsschrift ist hier keine Hilfe. „Daher muss von Anfang an darauf geachtet werden, dass das linkshändige Kind sich nicht die falsche Schreibrichtung von Buchstaben angewöhnt" (Sattler 1993b, 42f.). Manchen linkshändigen Kindern, die die andere Buchstabenausführung schon automatisiert haben, bereitet diese erfahrungsgemäß keine Schwierigkeiten. Im Gegenteil, diese ist oft nicht mehr zu ändern, und ein derartiger Versuch stellt mehr eine Belastung als eine Erleichterung für sie dar. Abbildungen der Richtungsvorgaben bei der Ausführung von Buchstaben finden sich auf Seite 51 dieser Veröffentlichung.
Bei Kindern, die zum Spiegeln, also zum Verdrehen von Buchstaben und Zahlen neigen, sollte beim Erlernen der Zahlen auch auf die Ausführung entsprechend der Richtungsvorgaben Wert gelegt werden (Abb. Seite 52). Beginnt das Kind z. B. die Zahl 1 unten an der Zeile zu schreiben, hat es dann am obersten Punkt die Möglichkeit, den Abstrich richtig nach links oder falsch nach rechts zu machen. Wenn es jedoch gleich mit dem Aufstrich links beginnt, hat es keine Richtungsschwierigkeiten mit dem langen Strich nach unten. Da in den meisten Zahlen eine Schräge (von links unten nach rechts oben bzw. umgekehrt von rechts oben nach links unten) wie bei dem Anstrich der Zahl 1, vorkommt, kann es sich dieses Schräge für alle Zahlen in die gleiche Richtung leichter einprägen.

Schneiden mit links

Zu der ausführlichen Behandlung des Schneidens und der Linkshänderschere im Referat (siehe S. 12–14) soll noch auf drei Punkte hingewiesen werden:

1. Die beschriebene Anordnung der Schneideblätter führt dazu, dass diese gegeneinander gedrückt werden und so besser schneiden, wenn man in der linken Hand die Linkshänderschere oder in der rechten Hand die Rechtshänderschere benutzt. Das ist sowohl bei einem effektiven Gebrauch von noch nicht so scharf geschliffenen Kinderscheren als auch später von Stoff-, Pappe- oder auch Gartenscheren sehr wichtig.

2. Wenn ein linkshändiges Kind von klein auf das Schneiden mit einer Rechtshänderschere in der linken Hand eingeübt hat, kann es bei einem Versuch, es mit einer Linkshänderschere schneiden zu lassen, bei einem fünf- bis sechsjährigen Kind dann wegen der bereits vollzogenen viso-motorischen Automatisierung zu starker Abwehr und Ablehnung kommen. Daher ist anzuraten, das so zu belassen, es also weiter mit der Rechtshänderschere in der linken Hand schneiden zu lassen und Kraft und Aufmerksamkeit lieber auf die Einübung einer lockeren Schreibhaltung zu verwenden (Sattler 1996 a, 65 f., 70 ff.). Bei so einer Änderung muss nicht nur auf die andere Seite des oberen Schneideblattes geschaut werden, sondern auch der abgeschnittene Blattteil kommt nicht mehr über sondern unter der schneidenden Hand heraus, was der gewohnten Automatisierung widerspricht.
3. Eine sichere Führung beim Schneiden wird dadurch erzielt, dass der Zeigefinger die Schere stützt (siehe Vorlage für Folie S. 43). Er liegt dabei unter der Schere und gibt dieser so mehr Stabilität. Der Daumen kommt in das obere Loch, der Mittelfinger und manchmal auch der Ringfinger und der kleine Finger in das untere Loch.

Schreibgeräte für Linkshänder, s. a. Füller für Linkshänder

Bei linkshändigen Kindern ist von Anfang an besonders auf geeignetes Schreibgerät und auf Hilfestellungen durch Schreibhilfen und Tipps entsprechend der individuellen Hand- und Stifthaltung zu achten.

Weiche Bunt- und Bleistifte sind sehr wichtig, damit keine zu steile Stifthaltung eingeübt wird.

Dreieckige Buntstifte, die es schon als **Wachsmalkreiden** für kleine Kinder gibt, sind zu empfehlen. Dabei hält der Daumen und der Zeigefinger je eine Seite, die dritte Seite des Stiftes liegt auf dem Mittelfinger auf (vergleiche Vorlagen für Folien S. 44 und 45).

Leider kommen Kinder oft schon mit sehr ungünstigen Stifthaltungen in die Schule, die sich oft kaum noch korrigieren lassen (Tipps und Hilfestellungen siehe Sattler 1996 a).

Ergonomisch geformte **Fallminenstifte** (oft mit Graphitminen oder bunten Minen) können bei dem Versuch einer Haltungsänderung eventuell helfen. Kinder mit hohem Schreibandruck kann mit dem Big-Grip Erleichterung geschaffen werden: Durch sein enormes Gewicht im hinteren Bereich entlastet er den Mittelfinger. Zu solchen Fallminenstiften gehören weiter der abc-Schreiblernstift von Lamy, die „Karotte" und Pen-Stift.

Schreibhilfen, die man auf den Stift schiebt, werden bei der Einübung einer lockeren Schreibhaltung von manchen Kindern gerne angenommen (Sattler 1996 a, 28 ff.):

1. Dreiecksgriff in verschiedenen Stärken
2. Grippy oder Stetro
3. Tri-go
4. Schreibkugeln (Bolly) in verschiedenen Größen, um eine lockere, runde Innenhandhaltung zu fördern.

Um mehr Stabilität der Handhaltung zu erreichen, wird bei manchen Kindern empfohlen, eine kleine Murmel (Durchmesser ca. 1,5 cm) mit dem Ring- und kleinen Finger in der Handinnenfläche zu halten, um so die Muskelanspannung (Muskeltonus) zumindest beim Beginn des Schreibenlernens zu erhöhen und die Verspannungen im Unterarmbereich zu lösen (die Idee geht auf die Ergotherapeutin Almuth Vasterling zurück).

Die oben genannten Fallminenstifte sowie die aufsteckbaren Schreibhilfen sind bei LAFÜLIKI (www.lafueliki.de) zu beziehen. Ein schriftliches Verzeichnis der Bezugsquellen von Linkshandprodukten, wo z. T. auch Fallminenstifte und Schreibhilfen erhältlich sind, findet sich in Sattler 1993 b (11. Aufl. 2003); Sattler 1996 a (7. Aufl. 2003) und im Internet unter www.lefthander-consulting.org/deutsch/laeden.htm und www.linkshaenderseite.de/geschaef.html.

Spiegelschrift

Spiegelschrift ist nach den Beobachtungen in der Ersten deutschen Beratungsstelle für Linkshänder und umgeschulte Linkshänder ein Phänomen, das häufig bei umgeschulten und nicht umgeschulten Linkshändern auftritt. Das gilt besonders für die verbundene Schrift (Schreibschrift). Rechtshänder mit Teilleistungsstörungen verdrehen manchmal einzelne Buchstaben und Zahlen, haben aber Probleme in verbundener Schrift konsequent zu spiegeln, also von rechts nach links umgekehrte Buchstaben automatisch zu schreiben.
In der Fachliteratur gibt es zwar immer wieder Hinweise auf dieses Phänomen, aber noch wenige schlüssige und einleuchtende Erklärungen. Die Fähigkeit problemlos Spiegelschrift schreiben zu können, scheint vom neurologischen Gesichtspunkt aus ein kompliziertes Phänomen, mit wahrscheinlich unterschiedlichen Ursachen, zu sein.
„Der berühmteste Linkshänder, der all seine wissenschaftlichen, technischen und anatomischen Studien in Spiegelschrift geschrieben hat, ist der italienische Künstler der Hochrenaissance Leonardo da Vinci. Es ist anzunehmen, dass er ein umgeschulter Linkshänder war und dass Spiegelschrift für ihn weniger ein Versuch, seine Schriften zu verschleiern und die Inhalte geheimzuhalten, darstellte, wie es heute noch manchmal interpretiert wird, sondern als ein spontaner Ausdruck seines Gedankenflusses zu verstehen ist" (Sattler 1995, 230 f.)
Manche Wissenschaftler sehen auch einen engen Zusammenhang zwischen der Schriftrichtung früherer Völker und dem Anteil an Links- oder Rechtshändern in der Bevölkerung. Es fällt eine häufige Linksläufigkeit in alten Schriften auf (früheste griechische Schrift, semitische Schriften), d. h. eine Richtung, die für einen linkshändigen Schreiber geeigneter ist. Es fällt aber auch die Indifferenz einiger Schriften bezüglich ihrer Richtung auf – frühe Runen, Hieroglyphenschrift der Hethiter und dorischer Dialekt auf Kreta (Sattler 2000 a, 236 ff.) .
Linkshänder neigen zu einer umgekehrten Wahrnehmungsrichtung wie Rechtshänder. Während Rechtshänder eher von links nach rechts ein Bild interpretieren, fassen Linkshänder eher von rechts nach links auf und interpretieren Bilderfolgen auch in dieser Richtung (Sattler 2000 a, 130 ff.). Dieses Phänomen ist sowohl für die Kunstbetrachtung und -interpretation wesentlich, als auch für Reihungen von Bildgeschichten, die in Intelligenztesten manchmal eine Rolle spielen.

Testung der Händigkeit

Ausführliche Angaben zur Händigkeitsbeobachtung finden sich in dem Artikel „Zur Testung der Händigkeit" auf Seite 25–29 in dieser Veröffentlichung, die kopiert an Betroffene und Eltern weitergegeben werden kann.

Es ist noch einmal ausdrücklich darauf hinzuweisen, dass bei nicht eindeutiger Händigkeitsmanifestation unbedingt spezialisierte Fachleute hinzugezogen werden sollten. Von einer Selbsttestung ist abzuraten.

Mit normierten Tests zur Händigkeitsbestimmung ist sehr vorsichtig umzugehen. Der seit langer Zeit oft benutzte **HDT Hand-Dominanz-Test** von Steingrüber und Lienert ist durch die Tatsache, dass er gerade die Tätigkeiten misst, die früher oft umgeschult wurden und auch heute häufig noch beeinflusst werden, nämlich das Zeichnen bzw. Malen, ohne diese Tatsache extra zu berücksichtigen, nicht unproblematisch in seiner tatsächlichen Bewertung (Sattler 1993 b, 11. Aufl. 2003, 24 und Sattler 2002, 25).

Sehr umfassend ist der **Fragebogen zur Bestimmung der Händigkeit** von Sattler. Hier werden nicht nur Tätigkeitsitems zur Händigkeitsbeobachtung aufgeführt sondern auch verschiedene Störimpulse abgefragt, die sich auf eine normale Händigkeitsmanifestation störend auswirken können.

Dieser Fragebogen ist zwar in verschiedenen Veröffentlichungen enthalten, aber er sollte nur von Fachleuten benutzt werden. Es ist nicht beabsichtigt, dass er Eltern in die Hand gedrückt wird, mit dem Auftrag, ihn zu Hause auszufüllen. Jedoch soll ein Eindruck davon vermittelt werden, wie komplex die Thematik ist.

Zum Umgang mit dem Fragebogen finden Fachleute Hinweise in Sattler 1993 b (11. Aufl. 2003) Seite 22 und Sattler 2002 Seite 24 f. Dort wird festgestellt: „Eine valide, unseren statistischen Vorstellungen entsprechende Normierung und Auswertung der Tätigkeitsitems dieses Fragebogens ist … kaum möglich. Ein rein quantitativ ermitteltes Ergebnis (das bedeutet eine ‚bloße' Auszählung der einzelnen Tätigkeitsitems, also rechte Hand, linke Hand oder wechselnd einmal die rechte und einmal die linke Hand) kann kein hinreichend valider Indikator für die Händigkeitsbestimmung sein. Denn auf der Phänomenebene sind und werden wesentliche biografische Entwicklungen nicht sichtbar. Diese bedürfen eher einer qualitativ orientierten Exploration" (Sattler 2002, 24).

Umschulung der Händigkeit

Die Umschulung der Händigkeit von der dominanten auf die nicht dominante Hand kann zu den beschriebenen Folgen führen (siehe S. 14 f.). Natürlich reagiert jeder Mensch anders auf diese Störung der Gehirnablaufsprozesse und nicht jeder stellt derartige Schwierigkeiten bei sich fest. Manche können sie mit besonderen Begabungen kompensieren und häufig mit überhöhtem Leistungseinsatz (Demosthenes-Effekt, Sattler 1995, 114). Es geht nicht darum, jemandem Schwierigkeiten einzureden, sondern vor möglichen Folgen zu warnen.

Umschulungsfolgen der Händigkeit entstehen hauptsächlich bei solchen Tätigkeiten, die sehr häufig ausgeführt werden und die mit feinmotorischen Fertigkeiten und gleichzeitiger intellektueller Belastung verbunden sind. Dies trifft besonders auf das Schreiben zu. Schneiden mit der nicht dominanten Hand führt erfahrungsgemäß nicht zu solchen Folgeerscheinungen.

Eine Rückschulung der Händigkeit, insbesondere beim Schreiben zurück auf die dominante Hand bedeutet wiederum einen Eingriff ins Gehirn und kann bei manchen Menschen zu weiteren massiven Problemen führen (Sattler 1995, 143 ff. und 1999 a).

Vererbung der Händigkeit

Viele Forscher gehen von einer Vererbung der natürlichen Händigkeit aus, dass also genetische Einflüsse die Händigkeit des Menschen bestimmen. Dafür sprechen auch erste Studien, die zeigen, dass mit der Handdominanz verbundene Funktionen im Gehirn bei umgeschulten Linkshändern auch noch nach Jahrzehnten bestehen bleiben und deutliche Unterschiede zu Rechtshändern zu erkennen sind (Siebner 2002). Auch die Folgen, die häufig bei einer Umschulung insbesondere des Schreibens auf die nicht dominante Hand beobachtet wurden, könnten als ein Indiz für einen genetischen Einfluss bewertet werden. Dies bestätigt sich umso mehr als diese Folgen manchmal bei einer Rückschulung des Schreibens auf die dominante Hand wieder zurückgehen können.

Vorurteile gegenüber Linkshändigkeit

Vorurteile gegenüber Linkshändigkeit und Linkshändern gibt es bis zum heutigen Tag. Sie stammen von einer weit in die Geschichte zurück reichenden Abwertung von Links und Aufwertung von Rechts, die auch auf die Links- und Rechtshänder übertragen wurden (Sattler 2000 a, 71 ff.) und im Brauchtum und Aberglauben Niederschlag fanden (siehe auch Glossar: „Hand geben").

Die Vorurteile bezogen sich sowohl auf körperliche Eigenschaften von Linkshändern als auch auf angeblich charakterliche Schwächen.

Ewald Stier (1911) behauptete, dass unter Sprachgestörten ein viel höherer Prozentsatz an Linkshändern zu finden sei (Ludwig 1932, 310). Er hatte unter Soldaten einen großen Anteil morphologischer Degenerationszeichen festgestellt und gefolgert, dass „die Linkser überhaupt im Dienst weniger brauchbar" (ebd.) seien.

Wilhelm Ludwig (1932, 311) hat eine Liste von Störungen zusammengestellt, die verschiedene Autoren bei Linkshändern gefunden hätten. Dazu gehörten Stottern und andere Sprachstörungen, Epilepsie, moralische Minderwertigkeit, körperliche Degenerationszeichen, Schielen und Taubstummheit.

Richard Kobler (1932, 67) strebte an, eine menschengeschichtliche Entwicklung von Linkshändigkeit zur Rechtshändigkeit nachzuweisen; Linkshändigkeit betrachtet er als ein Rudiment der in der Urzeit allgemein verbreiteten Linkshändigkeit in der gegenwärtigen Zeit.

Nicht ohne Wirkung blieb der Versuch von Wilhelm Fließ (1923), einen Zusammenhang zwischen Linkshändigkeit und weiblichen Eigenschaften und Rechtshändigkeit und männlichen Eigenschaften nachzuweisen.

Manche dieser Vorbehalte gegenüber Linkshändern bestehen leider bis heute. Zum Beispiel ihre angeblich frühere Sterblichkeit (kritische Auseinandersetzung bei Sattler 1993 b, 111 ff.) oder ihre angebliche Neigung zur Immunschwäche werden gern von der Boulevardpresse aufgenommen. Diese Diskussionsthemen stürzen Betroffene und Interessierte immer wieder in grundsätzliche Zweifel.

Literaturverzeichnis

- Clark, Margaret Mary (1957), Left-Handedness: Laterality Characteristics and their Educational Implications. In: Publications of Scottish Council for Research in Education, No. 39. London: University of London Press Ltd. (2. Auflage 1966).
- Clark, Margaret Mary (1959), Teaching left-handed Children. London. (Clark spricht in der Veröffentlichung von 1976 von einer ersten Ausgabe, die 1959 publiziert wurde. In der Sekundärliteratur wird üblicherweise 1960 als Erscheinungsjahr angegeben.)
- Clark, Margaret Mary. 1976. Teaching left-handed Children. Published with the cooperation of the Scottish Council for Research in Education. London. 2. Auflage (Das Copyright wird mit 1974 angegeben; aus einem Hinweis im Vorwort kann man jedoch annehmen, dass es sich um das gleiche Buch wie Clark 1959 handelt; 22. Auflage 1999).
- Fließ, Wilhelm (1923), Der Ablauf des Lebens. Grundlegung zur exakten Biologie. 2., neubearbeitete Auflage. Leipzig, Wien: Franz Deutricke.
- Jäncke, L. 2000. Hemisphärendominanz, Händigkeit und Geschlechtsspezifität. In: Sturm, Walter; Herrmann, Manfred & Wallesch, Claus-W. (Hrsg.): Lehrbuch der Klinischen Neuropsychologie. Lisse, 64–81.
- Kobler, Richard (1932), Der Weg des Menschen vom Links- zum Rechtshänder. Ein Beitrag zur Vor- und Kulturgeschichte des Menschen. Wien: Verlag von Moritz Perles.
- Kramer, Josefine (1961), Linkshändigkeit. Wesen, Ursachen, Erscheinungsformen. Mit Lockerungsübungen für linkshändige und gehemmte Kinder und Jugendliche. Schriftenreihe: Arbeiten zur Psychologie, Pädagogik und Heilpädagogik, Bd. 19. Solothurn: Antonius-Verlag.
- Lehrplan für die Grundschulen in Bayern – Neufassung (2000), Amtsblatt der Bayerischen Staatsministerien für Unterricht und Kultus und Wissenschaft, Forschung und Kunst, Teil I (Sondernummer 1, ausgegeben in München am 25. September 2000). Vertrieb: R. Oldenbourg Betriebs GmbH, Kirchheim b. München.
- Ludwig, Wilhelm (1932), Das Rechts-Links-Problem im Tierreich und beim Menschen. Berlin: Verlag von Julius Springer.
- Meyer, Rolf W. (1991), Linkshändig? Baden-Baden: Humboldt Verlag (7. Auflage 2003).
- Murray, Elizabeth A. (1998), Hemisphärenspezialisation. In: Fisher, Anne G.; Murray, Elizabeth A., & Bundy, Anita (Hrsg.): Sensorische Integrationstherapie. Theorie und Praxis. Rehabilitation und Prävention Bd. 41, Berlin: Springer-Verlag, 282–329.
- Rett, Andreas; Kohlmann, Thaddäus & Strauch, Günter. 1973. Linkshänder. Analyse einer Minderheit. Wien.
- Sattler, Johanna Barbara, Fragebogen zur Bestimmung der Händigkeit. In: www.lefthander-consulting.org/deutsch/Fragebogen.htm.
- Sattler, Johanna Barbara (1986), Umschulung der Händigkeit. Ein massiver Eingriff ins menschliche Gehirn. In: Lernen-Fördern. Zeitschrift für Eltern, Lehrer und Erzieher, 5, 10 f.
- Sattler, Johanna Barbara (1993 a), ‚Beidhänder' sind hirngeschädigt. In: Münchener Medizinische Wochenschrift 135, 291/35–294/40 (wieder abgedruckt in Sattler 1995, 350–356).
- Sattler, Johanna Barbara (1993 b), Das linkshändige Kind in der Grundschule. Erarbeitet im Auftrag des Bayerischen Staatsministeriums für Unterricht, Kultus, Wissenschaft und Kunst. Herausgeber: Staatsinstitut für Schulpädagogik und Bildungsforschung. Vertrieb Donauwörth: Auer Verlag (11. Auflage 2003).
- Sattler, Johanna Barbara (1995), Der umgeschulte Linkshänder oder Der Knoten im Gehirn. Donauwörth: Auer Verlag (8. Auflage 2004).
- Sattler, Johanna Barbara (1996 a), Übungen für Linkshänder. Schreiben und Hantieren mit links. Donauwörth: Auer Verlag (7. Auflage 2003).
- Sattler, Johanna Barbara (1996 b), Schreibunterlagen-Block für Linkshänder. Donauwörth: Auer Verlag (7. Auflage 2004).
- Sattler, Johanna Barbara (1997), Übungsheft für Linkshänder. Donauwörth: Auer Verlag (7. Auflage 2004).
- Sattler, Johanna Barbara (1998 a), Die Psyche des linkshändigen Kindes. Von der Seele, die mit Tieren spricht. Donauwörth: Auer Verlag (4. Auflage 2003).
- Sattler, Johanna Barbara (1998 b), Zur Testung der Händigkeit. In: Left Hand Corner 2, 6–12.
- Sattler, Johanna Barbara (1999 a), Chancen und Gefahren einer Rückschulung der Händigkeit bei Erwachsenen. In: Left Hand Corner 6, 10–20; 7, 24–29; 9, 12–16. Sowie in: www.lefthander-consulting.org/deutsch/ RueckschulungArt.htm.
- Sattler, Johanna Barbara (1999 b), Linkshänder und umgeschulte Linkshänder in der Ergotherapie. In: Praxis Ergotherapie 12. Jg., 2, 98–110. www.lefthander-consulting.org/deutsch/Praxisergo.htm.

- Sattler, Johanna Barbara (2000 a), Links und Rechts in der Wahrnehmung des Menschen. Zur Geschichte der Linkshändigkeit. Donauwörth: Auer Verlag.
- Sattler, Johanna Barbara (2000 b), Gibt es einen zwingenden kausalen Zusammenhang zwischen Linkshändigkeit und Lese- und Rechtschreibschwierigkeiten? In: Lese-Rechtschreib-Schwierigkeiten. Diagnose – Förderung – Materialien. Ein Fortbildungsmodell der Akademie für Lehrerfortbildung und Personalführung Dillingen. Projektleitung Bernd Ganser. Donauwörth: Auer Verlag, 199–202.
- Sattler, Johanna Barbara (2001 a), Erläuterungen zur Linkshändigkeit. In: Auer, Margot & Hartwig, Horst W. (Hrsg.): Lehrplankommentar für die bayerische Grundschule. Didaktische Grundlagen und praktische Umsetzung. Bd. 1: Jahrgangsstufen 1 und 2, Donauwörth: Auer Verlag, 279–284.
- Sattler, Johanna Barbara (2001 b), Linkshändige und umgeschulte linkshändige Kinder und Jugendliche. In: Kinder- und Jugendarzt. Zts. des Berufsverbandes der Ärzte für Kinderheilkunde und Jugendmedizin Deutschlands e. V. 32 Jg., 2, 139–147. www.lefthander-consulting.org/deutsch/Kinderarzt1.htm.
- Sattler, Johanna Barbara (2002), Linkshändige und umgeschulte linkshändige Kinder sowie Kinder mit wechselndem Handgebrauch in der Ergotherapie. In: Ergotherapie & Rehabilitation, 41. Jg., 5, 21–29. www.lefthander-consulting.org/deutsch/ErgoReha.htm.
- Sattler, Johanna Barbara (2003), Linkshändigkeit. In: Ursula Bredel, Hartmut Günther, Peter Klotz, Jakob Ossner, Gesa Siebert-Ott (Hrsg.), Didaktik der deutschen Sprache. Band 1. Verlag Ferdinand Schöningh, UTB, Paderborn 2003, S. 329–340.
- Sattler, Johanna Barbara (2004), Schreibtisch-Auflage für Linkshänder. (Aus rutschfestem Kunststoff, in der Größe für den Schultisch und im Kindergarten geeignet, in den Farben Rot, Blau, Grün und Schwarz). Auer-Verlag, Donauwört, ISBN-Nr. 3-403-04091-7.
- Siebner, Hartwig R.; Limmer, Claus; Peinemann, Alexander; Drzezga, Alexander; Bloem, Bastiaan R.; Schwaiger, Markus & Conrad, Bastian (2002), Long-Term Consequences of Switching Handedness: A Positron Emission Tomography Study on Handwriting in „Converted“ Left-Handers. In: The Journal of Neuroscience, 22 (7), 2816–2825.
- Szocska, Sarah (1998), Stricken leicht gemacht für Linkshänder. sinErgo, Versand für Linkshänder, www.sinergo.com, Wasserburger Landstr. 167a, 81827 München.
- Sovak, Milos. 1968. Pädagogische Probleme der Lateralität. Beiträge zum Sonderschulwesen. Schriftenreihe des Instituts für Sonderschulwesen an der Pädagogischen Fakultät der Humboldt-Universität zu Berlin, Bd. 16. Berlin (Ost).
- Speck-Hamdan, Angelika (1996), Vorwort. In: Sattler 1996 (7. Auflage 2003).
- Springer, Sally P. & Deutsch, Georg. 1998. Linkes – Rechtes Gehirn. 4. Auflage. Heidelberg: Spektrum Akademischer Verlag.
- Stier, Ewald (1911), Untersuchungen über Linkshändigkeit und die funktionellen Differenzen der Hirnhälften. Nebst einem Anhang: „Über Linkshändigkeit in der Deutschen Armee“. Jena: Verlag von Gustav Fischer.
- Steingrüber, Hans-Joachim, Gustav A. Lienert (1971), Hand-Dominanz-Test. H-D-T. Göttingen: Verlag für Psychologie Dr. C. J. Hogrefe (2. Auflage 1976).
- Weber, Sylvia, Linkshändige Kinder richtig fördern. Mit vielen praktischen Tipps. Ernst Reinhardt Verlag, München 2003.

Danksagung

Aus ganzem Herzen möchte ich am Schluss dieser Arbeit meinen Dank aussprechen an meine Eltern, Margot Utermann, Alan Cizek, Gerda Behse, Rolf-Peter Antoni, Gertrud Sieger und vielen mir nahe stehenden Menschen. Ganz besonders danke ich den Linkshänder-Beraterinnen und -Beratern, die mir geholfen haben, dieser Veröffentlichung den letzten Schliff zu geben und sie abzuschließen, sei es durch Korrekturlesen und Gedankenaustausch oder durch die allgemeine Unterstützung meiner Arbeit. Auch dem Auer Verlag und seinen Mitarbeitern sowie meinen Leserinnen und Lesern möchte ich für ihre Aufgeschlossenheit danken.

Register

Materialien für die Arbeit mit Linkshändern

Johanna Barbara Sattler

Links und Rechts in der Wahrnehmung des Menschen

Zur Geschichte der Linkshändigkeit

464 S., kart.

Best.-Nr. **3200**

Die Verfasserin stellt die wissenschaftlichen Forschungsergebnisse der Wahrnehmungspsychologie im Hinblick auf die unterschiedliche Wirkung der rechten und linken Seite dar: Linkshänder haben eine andere visuelle Wahrnehmung als Rechtshänder! Die Asymmetrie der menschlichen Seitenwahrnehmung und die symbolisch tradierte Bedeutung von Links und Rechts schlagen sich auch in den bildenden Künsten, in Sitten, Bräuchen und im Aberglauben nieder.

Johanna Barbara Sattler

Übungsheft für Linkshänder

44 S., DIN A4, kart. Best.-Nr. **2925**

Unter Anleitung von Eltern, Erzieher/-innen, Ergotherapeut/-innen und Lehrer/-innen können diese Übungen das linkshändige Kind vorbereitend und begleitend zur unverkrampften Schreibhaltung führen.

Spaß und Freude an der Ausführung der Nachspurübungen stehen im Vordergrund. Ziel ist auch das Erlernen einer lockeren Körperhaltung als Vorbereitung für das Schreiben.

Kurze Anwendungshinweise erleichtern den Gebrauch des Heftes. Besonders reizvoll und erfolgsorientiert ist das Belohnungssystem für Fleiß und Sorgfalt mit der abgedruckten „Geschichte vom Zauberbaum". So werden mit Hilfe der Übungen dieses Heftes die Voraussetzungen für problemloses Schreibenlernen mit der linken Hand geschaffen.

Johanna Barbara Sattler

Schreibtischauflage für Linkshänder

53,0 × 42,0 cm, farbiger Kunststoff mit schwarzer Zeichnung, rutschfest, in den Farben Pop-Rot, Pinie-Grün, Cobalt-Blau und Schwarz.

Best.-Nr. **4091**

(Bitte bei Bestellung gewünschte Farbe angeben!)

Diese farbenfrohe, strapazierfähige und abwaschbare Schreibtischauflage passt auf jeden Schultisch und gehört auch ins Kinderzimmer des linkshändigen Kindes. Bereits in der Kindergartenzeit ist sie eine große Hilfe. Die aufgedruckte Zeichnung gibt eine Heftlage und Handhaltung vor, die mühelos zu einer lockeren und unverkrampften Schreibhaltung führt.

Auch für Rückschulungen von Linkshändern und Umschulungen von Handpatienten können hier grundlegende Hilfestellungen gefunden werden.

Schreibunterlagen-Block für Linkshänder

20 Blätter, DIN A2

Best.-Nr. **2926**

Ein für den Arbeitstisch entwickelter Block, auf dessen Blättern die richtige Blattlage und Handhaltung aufgedruckt sind, hilft Schwierigkeiten in der Schule, insbesondere beim Schreiben mit dem Füller, zu verhindern.

Da dieser Block nicht oben, sondern unten geleimt ist, können die Blätter beim linkshändigen Schreiben nicht weggeschoben werden!

Auer **BESTELLCOUPON** Auer

Ja, bitte senden Sie mir/uns

____ Expl. Johanna Barbara Sattler
Übungsheft für Linkshänder Best.-Nr. **2925**

____ Expl. Johanna Barbara Sattler
Links und Rechts in der Wahrnehmung des Menschen Best.-Nr. **3200**

____ Expl. Johanna Barbara Sattler
Schreibunterlagen-Block für Linkshänder Best.-Nr. **2926**

____ Expl. Johanna Barbara Sattler
Schreibtischauflage für Linkshänder Best.-Nr. **4091**

mit Rechnung zu.

Bequem bestellen unter:
Telefon: 01 80/5 34 36 17
Fax: 09 06/7 31 78
E-Mail: info@auer-verlag.de

Bitte kopieren und einsenden an:

Auer Versandbuchhandlung
Postfach 11 52
86601 Donauwörth

Meine Anschrift lautet:

Name/Vorname

Straße

PLZ/Ort

Datum/Unterschrift

E-Mail

Praxisorientiert und aktuell: Materialien von Auer!